U0963416

高中语文

“四段式·六化式”课内外阅读任务群设计研究

苏维东　程国栋　著

山东大学出版社
SHANDONG UNIVERSITY PRESS
·济南·

图书在版编目(CIP)数据

高中语文"四段式·六化式"课内外阅读任务群设计研究/苏维东,程国栋著.—济南:山东大学出版社,2022.4

(基础教育教学创新研究丛书)

ISBN 978-7-5607-7446-6

Ⅰ.①高… Ⅱ.①苏… ②程… Ⅲ.①阅读课—教学设计—高中 Ⅳ.①G633.332

中国版本图书馆CIP数据核字(2022)第066239号

策划编辑 刘森文
责任编辑 张彩芸
封面设计 王秋忆

出版发行 山东大学出版社
社　　址 山东省济南市山大南路20号
邮政编码 250100
发行热线 (0531)88363008
经　　销 新华书店
印　　刷 济南新科印务有限公司
规　　格 720毫米×1000毫米 1/16
　　　　 11印张 208千字
版　　次 2022年4月第1版
印　　次 2022年4月第1次印刷
定　　价 40.00元

“大语文”时代高中语文教学的成功探索
（代序）

“大语文”时代如何处理阅读量与学习质量的关系，是当前语文教学，尤其是高中语文教学课程改革的难点。语文是情智双修的学科，有“全人教育”的功能，片面强调语文的工具性和人文性都不可取。学语文，不单单是为了应对考试，学语文的长期目标是提高学生的整体素养。庄子说过：“吾生也有涯，而知也无涯。”(《庄子·内篇·养生主》)用现在的话来说，就是人生有涯而学海无涯。语文教学“大”到什么程度，才能在摆脱了烦琐分析与讲解课文之后，既能实现学生的学习轻负高质，又能够达到刘国正老先生主张的“文”和“道”兼顾？苏维东校长引领山东省泰安市宁阳县第四中学(简称“宁阳四中”)近十年的语文教学探索，给出了一个非常好的答案。

宁阳，地处五岳之首——泰山之阳，因2000多年前的古邑位居当地宁山南部而得名，属鲁国故地，历史文化底蕴深厚，是魏晋时期文学领袖“建安七子”之一——刘桢等历史名人的故乡。宁阳四中苏维东校长秉承文化传统，依据语文课程标准，立足学生学习特点，逐步深化现行语文课程改革并进行校本化整合，以破解语文教与学的四大难题为目标，在近十年的探索过程中构建读—写—展—评“四段式”阅读教学模式和“六化式”课外阅读实践活动模式，形成了“横向分类，纵向分层，专题推进，大小学时并行”的高中语文校本课程，使学生在语文学习中不仅提升了语文素养，而且滋养了情怀、精炼了哲思。这种教学探索轻负高质式的语文学习，有效地提升了学生的学业水平，为他们的幸福人生打下了坚实的基础。本书就是苏维东校长和他的团队多年探索与实践的结晶。

孔子说过：“诵《诗》三百，授之以政，不达；使于四方，不能专对；虽多，亦奚以为？”（《论语·子路》）用今天的话来说，就是一个把《诗经》三百篇背得很熟的人，处理不了交办的政务，应对不了对外事务，这违背了多读书的根本目的。因此，孔子主张学习要与实践相结合，学生在实践中学习才是最有效的，教师要让学生“学而时习之，不亦乐乎”，学以致用的过程才能将学生培养成会学习的人。这是被后世称为“以文化人”传统“诗教”育人理念的一种体现。可以说，孔子所倡导的“诗教”，与今天所说的“大语文”有得一比。

“大语文”是“大语文教育”的简称，是20世纪80年代初由第六届全国人大代表、特级教师张孝纯先生提出的。他主张，语文教育是以人获得更好的身心发展为基点的，不仅在于让学生更好地进行语言表达，同时在于帮助学生在语言的学习与实践中形成良好的思维方式、培养美好健康的情感与心理认知、完善和提升学生的自身人格与人文修养。他提出，语文教学与生活的结合，让学生在生活化的语言学习与实践中热爱语文学习和提升语文能力，同时得到人格修养的提升。张孝纯先生的“大语文”，是中华优秀传统育人方式与现代教学方法有机融合的产物。张孝纯先生语文教育的教学结构是“一体两翼”：以课堂教学为轴心主体，以学生的课外活动和社会生活为“两翼”，将语文学习向生活的各个领域开拓、延展，从而将学生的学校生活、家庭生活和社会生活有机结合并纳入语文教育，把教语文和学语文同师生的做事与做人有机结合起来，把传授语文知识同发展语文能力、发展智力素质和非智力素质有机结合起来，把听、说、读、写四方面的训练有机结合起来，使学生接受全面的、整体的、强有力的培养和训练。由于张孝纯先生的“大语文”对教师个人的文化素养要求很高，加之有些地方课程改革的活力不足等现实原因，其“一体两翼”语文教学模式没有发挥出应有的实践价值。

宁阳四中的读—写—展—评“四段式”阅读教学模式和“六化式”课外阅读实践活动模式，非常有效地体现了语文学习的综合性与实践性，是对孔子“以文化人”之“诗教”和张孝纯先生“大语文”的传承、创新与发展。其中的12个阅读专题设计，说明宁阳四中实际上较早地践行了现行高中语文课程标准倡导的学习任务群设计。这些学习任务群，打通了课内教材与课外阅读文本，打通了课内阅读教学与课外阅读实践，为学生提供了基于明确学习目标的语言实践任务，有效地提升学生的语文核心素养和人文精神体验。例如，演讲美丽人生、评点时事、品读和演创经典剧本、品读现当代小说和名家散文、走进唐诗宋词、品读历史人物传记以及走进鲁迅作品专题等等，使得学生在综合性语言实践中，连结了新旧知识点，提高了语言的口头表达能力，并且在享受文化盛宴中领略文人风骨、感受浩然正气，学生的心灵因而得到净化与升华。此外，在课程学时的安排上，有课前5分钟的演讲、有课间20分钟的“我是校园演说家”活动，有2小时的连堂课内阅读，大小学时并行，推进语文阅读实践教学的有效开展，帮助学生更好地沉浸在语言实践的“不亦说乎”之中。

高中教学不容回避的是高考，但要避免极端功利化的应试训练，让学生经历真实的学习，提升学生的学科素养。高考改革的一个重要动向，就是通过命题风格与走向的转换，引领指向提升学生整体素养的课程改革。近年来，各地高考命题突出了“大语文”理念，注重考查学生的语文综合能力和思维思辨能力，课外拓展内容逐渐增多，体现了重视传统文化的积累。可以说，注重开放性、主观性问题的考察是高考命题的趋势，阅读理解、分析写作对学生的诗词储备和文化常识的积累提出了比较高的要求。要应对这一命题走向的转换，只有打牢学生的语言基础、增强学生的语言实践与体验方可奏效，过去那些仅靠机械刷题的各种训练方法和学习技巧，都很难在短期内使学生的成绩得到冲刺式的提高。因此，苏维东校长引导学生读《论语》、诵《诗经》、品“三国”、览“红楼”，使学生在尽情畅游古典文化名著中丰富主观人文精神体验；引领学生走进“逝去的乡村”，在感受社会历史文化变迁的过程中，发现中华优秀传统文化代代相传的永恒精神，从而激发出学生对语文学习的热爱和找到家国情怀生发的土壤，丰富了学生对自我人生与社会发展的体验。可以说，苏维东校长领衔的“基于核心素养的高中语文课程构建与教学创新”研究项目，为学生整体素养提升和个性化人文情感及价值观念的生成打下了扎实的基础，用团队的热血与智慧诠释着“为幸福人生奠基”的教育理念，忠实地践行了学校“德智双全，身心两健，文理兼通，特长明显”的培养目标。这也是宁阳四中连续多年创出高考佳绩的重要原因所在。

本书基于现代课程理念，以现行高中语文课程标准倡导的学习任务群为主线，提炼了苏维东校长团队多年的语文教学研讨与实践，有理论建构也有实践案例。除了上述理念与做法，其为学生设计的“六化式”课外阅读实践活动模式，做到了阅读时间、地点、内容、笔记、辅导和评价六到位，也是成果的一大亮点，因篇幅所限不再赘言。我相信，有心的读者同道如愿深究，定能以此破译苏维东语文教学改革成功的“密码”。

未觉池塘春草梦，阶前梧叶已秋声。我们应该站在中华民族复兴的高度，以时不我待的紧迫感，认识学生核心素养的提升对增强国家竞争力的战略性意义。语文是一门情智双修的学科，是基础教育中提升学生未来素养、落实立德树人根本任务的基础性学科。祝愿本书的出版为进入“深水区”的高中语文课程与教学改革注入活力，祝苏维东校长团队在语文教育教学探索的征途上取得更大成就，为实现伟大的中国梦不断做出新的贡献！

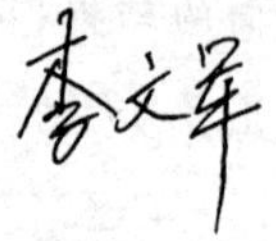

2022 年 3 月 17 日于舜风苑

（李文军，博士，现任山东省教育科学研究院副院长、山东省教育学会秘书长，曾任山东省教育科学研究所所长、山东省教育社副社长、《中国教育报》驻山东记者站站长等职）

目 录

第一章　研究综述

从2013年开始进行语文整体阅读改革，到2017年“基于学生核心素养的高中语文课程体系建构研究”课题成功立项山东省教育科学“十三五”规划课题，再到“基于核心素养的高中语文课程重构与教学创新”项目入选2019年度山东省基础教育教学改革40个省重点项目，8年来，山东省宁阳县第四中学的语文阅读教学改革不断地探索、实验、实践，最终形成“高中语文‘四段式·六化式’课内外阅读任务群设计研究”阅读教学成果。

宁阳县第四中学，作为一所普通高中学校，面临着高考的严峻形势，面临着质量的严重压力，是在什么样的背景下进行的语文阅读教学改革的呢？语文阅读教学改革的具体内容是怎样的呢？语文阅读教学改革体现了怎样的教学理念呢？

第一节　研究背景

一、社会背景

（一）语文阅读教学改革是落实“立德树人”要求的必然选择

党的十八大报告指出：“把立德树人作为教育的根本任务，培养德智体美全面发展的社会主义建设者和接班人。”[①]“立德树人”首次确立为教育的根本任务，是对十七大“坚持育人为本、德育为先”教育理念的深化，指明了今后教育改革发展的方向。立德树人，即教育事业不仅要传授知识、培养能力，还要把社会

---

① 胡锦涛：《坚定不移沿着中国特色社会主义道路前进　为全面建成小康社会而奋斗——在中国共产党第十八次全国代表大会上的报告》，《人民日报》2012年11月18日。

主义核心价值体系融入国民教育体系之中，引导学生树立正确的世界观、人生观、价值观、荣辱观。

当前，很多高中学校的阅读教学现状主要有以下三点：一是不敢让学生读书，担心读书会影响他们的学习，把精力都投进了做题中，有的老师甚至提出了“语文理科化”的概念，试图通过大量的练习来提高学生的语文成绩。二是不重视阅读教学的研究，即便偶尔上一节阅读课，一些老师读前不指导，读后没活动，放任自流，学生在阅读课上要么做数理化，要么睡觉，导致阅读课效率低下，阅读课上着上着就上不下去了。三是不重视阅读书目的筛选与推荐，高中的学生存在这样的情况：老师选的不愿读，不适合他们的口味；学生愿意读的老师不让读，比如《十宗罪》《鬼吹灯》《盗墓笔记》《坏蛋是怎样炼成的》等。

在这样的高中阅读环境下，学生的阅读量小，阅读面窄，不少学生急功近利，思维僵化，自私冷漠，心理脆弱，理想扭曲，信念弱化，传统文化陌生，集体主义麻木，民族情怀缺乏，状况令人担忧。

高中阶段是学生世界观、人生观、价值观形成的关键时期，对于学生一生的成长起着至关重要的作用。要想让学生健康成长，学校就必须落实十八大“立德树人”的要求，就必须进行阅读教学改革。

首先，我们要了解学生的阅读愿望，选择适合学生口味的、能促进学生健康成长的阅读书目，让那些经典篇目，让那些富有时代气息的作品，浸润学生的心灵，陶冶学生的情操。

其次，我们要满足学生的阅读兴趣，采用学生感兴趣的、能激发学生参与热情的课堂模式。没有具体学习任务的阅读课会让学生无所事事，没有生动多彩形式的阅读课会让学生索然寡味，没有科学细致指导的阅读课会让学生一无所获。因此，阅读课一定要有具体的学习任务，问题设计时切入点要小，要有时代气息，要生动有趣，只有这样，学生的代入感才强，学生才不会无所事事，百无聊赖。阅读课的形式一定要生动，一定要多彩。一堂课，可以让学生交流读书心得，可以让学生进行朗诵比赛，可以让学生进行课本剧表演，可以让学生展开辩论，等等。

最后，我们要延长学生的阅读时间，创新适应学生心理的、能提升学生核心素养的活动形式。语文学习，课内学习固然重要，但它只是语文学习的一部分，更广泛的学习还是在课外，课外阅读是语文学习的延伸和实践。教育家吕叔湘先生曾一针见血地指出：“语文水平较好的学生，你要问他的经验，异口同声说是得益于课外看书。”[①]苏联著名教育家赞可夫特别强调课外阅读的重要性，认为阅读教学的重点是课外阅读，是促进学生全面发展的主要手段之一。如果语文阅读教学仅仅局限于课内，那无异于坐井观天。语文老师一定要重视课外阅读教学，通过创新适应学生心理的能提升学生核心素养的活动形式，把时间利用好，把学生吸引过来。

只有让学生多读书，读好书，好读书，才能用优秀的传统文化涵养他们的心灵，用坚强的革命文化陶冶他们的情操，用先进的社会主义文化激励他们的斗志。

(二)语文阅读教学改革是顺应新时期“全民阅读”潮流的必然选择

1995年，联合国教科文组织将4月23日确定为“世界读书日”，并提出“让世界上每一个角落的每一个人都能读到书”。

2012年11月，党的十八大报告提出“开展全民阅读活动”[②]。2013年，习近平主席在接受金砖国家媒体联合采访时曾说道：“我爱好挺多，最大的爱好是读书，读书已成为我的一种生活方式。”[③]2014年以来，“倡导全民阅读”连续6年写入国务院《政府工作报告》。全民阅读工程被列为“十三五”时期文化重大工程之一，并被提升到国家战略高度。《全民阅读“十三五”时期发展规划》则明确指出，少儿阅读是全民阅读的基础。加强中小学书香校园文化建设，通过营造浓郁的阅读氛围，整合丰富的阅读资源，开展多彩的读书活动，让阅读成为师生最日常的生活方式。

李克强总理是这样解释两次把“全民阅读”写入《政府工作报告》的原因的：“书籍和阅读可以说是人类文明传承的主要载体，就我个人的经历来说，用闲暇时间来阅读是一种享受，也是拥有财富，可以说终身受益。我希望全民阅读能够形成一种氛围，无处不在。我们国家全民的阅读量能够逐年增加，这也是我们社会进步、文明程度提高的十分重要的标志。而且把阅读作为一种生活方式，把它与工作方式相结合，不仅会增加发展的创新力量，而且会增强社会的道德力量。这也就是为什么我两次愿意把‘全民阅读’这几个字写入《政府工作报告》的原因，明年还会继续。”[④]

---

① 吕叔湘：《当前语文教学中两个迫切问题》，《人民日报》1978年3月16日。

② 胡锦涛：《坚定不移沿着中国特色社会主义道路前进　为全面建成小康社会而奋斗——在中国共产党第十八次全国代表大会上的报告》，《人民日报》2012年11月18日。

③ 《习近平谈治国理政》，外文出版社2014年版，第410页。

④ 《李克强：希望全民阅读能够形成一种氛围，无处不在》，新华网，2015年3月15日，http://www.xinhuanet.com/politics/2015lh/2015-03/15/c_127582498.htm。

如今，深圳，有“深圳读书月”，15 年连续举办读书月活动，让深圳成为“全球全民阅读典范城市”；北京，有“北京阅读季”，举办了四届就有了引领全国的势头；广东，有“南国书香节”；湖南，有“三湘读书月”；陕西，有“三秦书月”……①

全社会都在重视读书，学校更应该顺应时代的潮流，成为学生读书的天堂。当阅读的大门打开，光照进校园，照进教室，照进教师、孩子们的心田，阅读的种子将在学生心中慢慢发芽、长大，教育的大树，终将因为阅读而生机勃发。

(三)语文阅读教学改革，是丰盈高中段学校“文化底蕴”的必然选择

全民阅读形象代言人、《中国教育报》2005 年度推动读书十大人物朱永新说：“阅读是教育大厦最重要的基石。”“一个没有阅读的学校永远不可能有真正的教育。”②

苏州大学附属中学校长、全国优秀教师、语文特级教师高万祥认为当下浮躁、功利之风盛行，唯有读书可以给我们带来思想的尊严，学校首先是教师读书的地方，然后才是学生读书的地方，校长要积极营造书香校园，教师应该带头读书，读经典，读名著，读名人传记。诗歌阅读存在误区，小学、初中、高中考试时，所有的试卷都不允许学生写诗歌，我们伟大的中华民族是一个诗歌的国度，这将给诗歌的传承带来巨大威胁，年轻一代将是没有诗情的一代，学生知道爱情但是不知道艾青，应该是民族的悲哀啊！

特级教师李镇西说，教育就是带着一群孩子守着书本过日子，这样的情景幸福而美好。教育兴，国家强。在推动书香社会建设的过程中，每一个教书育人的师者都责无旁贷，有义务和担当去做好全民阅读的领读者，成为书香校园的践行者。

建设书香社会，高中学校责无旁贷；建设书香校园，高中学校义不容辞。语文阅读教学改革，是丰盈高中段学校“文化底蕴”的必然选择。

宁阳四中创建于 1985 年，学校以“良心”为校魂，以“为幸福人生奠基”为校训，以“学校的一切工作为学生的全面发展服务”为办学指导思想，以“德智双全，身心两健，文理兼通，特长明显”为培养目标，以提升质量为主旋律，坚持“依法治校，科研兴校，民主理校，质量强校”的治校方略，强化“务实、有效、提质”的总体工作要求，促进学校、教师、学生进一步发展，各项工作不断突破，学校先后获得“山东省规范化学校”“山东省教学示范校”“泰安市教学工作先进单位”等荣誉。

---

① 参见赵云良：《情系全民阅读》，《吉林日报·东北风》2015 年 4 月 23 日。

② 朱永新：《我的阅读观》，中国人民大学出版社 2012 年版，第 156 页。

尽管学校的办学水平和教学质量不断提高，在社会上的口碑也很好，但是，作为一所县级普通高中，在发展的过程中，还是遇到了一些问题。例如，如何提高学生文化底蕴的问题，如何大面积提高升学率的问题，如何培养优生的问题，学校特色化不够明显的问题，等等。这些问题制约了学校的进一步发展。

学校领导班子广泛调研，反复斟酌，认为语文学科不但要指导学生学习作为信息符号的语言和文字，而且要学习语言和文字所承载的理、境、情、趣等，使学生感受民族文化的底蕴，进而形成正确的世界观、人生观和价值观。从某种意义上讲，语文学科对学生的影响不是一时，而是一世；不止在课内，还在课外。相比其他学科，语文学科更容易变革。一旦语文学科有所突破，就可以带动其他学科的变革，整个学校就会呈现出新的气象。

因此，从 2013 年开始，学校就开始酝酿语文整体阅读改革。我们之所以称之为“语文整体阅读改革”，是因为以下三点。

一是从参与的人员看，三个年级全员参与，共同推进，全面铺开。高一广泛阅读，高二专题阅读，高三深入阅读。

二是从改革的内容上看，这次改革是彻底的、颠覆性的、革命式的。课程的设置要改变，大部分课时用来阅读；教材的内容要进行整合，除了必须讲的重点文言文外，其余的都作为阅读材料来处理。我们依据实际情况，构建了 12 个专题，更利于调动学生的积极性，更利于激发学生的学习兴趣，更利于形成学生的语文素养。这就是课程中的专题推进。

三是从课堂的模式来看，要改变传统的授课模式，探索更高效的授课方式。学生能懂的不讲，学生自己能讲会的不讲，说到底，语文就是多读、多写；要把课堂还给学生，要切实让学生成为课堂的主角。

从 2015 年开始，学校组建项目组，全面推开语文阅读教学改革。2019 年，学校积极申报省级项目“基于核心素养的高中语文课程建构与教学创新”，力求形成有自己特色的校本课程和阅读教学模式，为学生幸福人生奠基。

二、相关学术梳理和研究动态

（一）国外研究现状及分析

阅读对人的教育所起的作用，国外许多教育家都有精辟的见解。苏联教育家苏霍姆林斯基曾说：“让学生变聪明的方法，不是补课，不是增加作业量，而是阅读、阅读、再阅读。”[①]苏霍姆林斯基通过观察发现：一个善于思考的学生，在脑力劳动上所花费的时间，大约只有三分之一用于阅读教科书，其余三分之二的时间都是用在阅读非必修的书籍上，也就是课外阅读上；而那些除了教科书以外什么都不读的学生，连教科书也读不好。因为通过课外阅读，学生的思维被激发了，而思考会变成一种激发智力的刺激。苏联著名教育家赞可夫特别强调课外阅读的重要性，认为阅读教学的重点是课外阅读，是促进学生全面发展的主要手段之一。语文学习与其他课程的学习不同，要学好语文，仅仅靠课堂中学到的一点知识是远远不够的，大量的学习活动是在课外进行的。

从 20 世纪 50 年代开始，国外学者研究阅读教学，先后出现了以“技能导向教学”为代表的行为学派、以认知“策略教学”占主导的认知学派、以“全语文教学”“文学导向教学”占主导的社会构建学派。

认知学派的“认知策略教学”(strategy)，教学模式通常结合动机、社会因素等进行策略教学，代表性阅读策略有美国学者罗宾逊(F. P. Pobinson)提出的综合“浏览(surcey)、提问(question)、阅读(read)、回应(respond)、重看(review)、反思(reflect)”等多种策略的 SQ4R 阅读策略。

社会建构学派的“全语文取向”(whole language approach)源自美国社会学家古德曼(Paul Goodman)，通常以主题式单元组织课程活动，多采用生活化教材。其教学策略多采用讨论和小组合作学习模式，安排不同形式的共读活动，多采用和学习紧密结合的评价方式，重视评价的反馈功能。社会建构学派的“文学导向”理论，其基本理念是“阅读就是对话”，阅读就是读者和文本之间的交流(transaction)，作品的意义是由读者在特定的社会文化背景中与文本共同建构出来的。教学模式就是对话。

(二)国内研究现状及分析

对于如何提高学生的语文素养，国内外著名的教育家都曾进行深入的探讨与思考。教育家叶圣陶先生说过：“最要紧的，阅读不是没事做闲消遣，无非要从他人的经验中取其正确无误的，于我有用的，借以扩充我的知识，加多我的经验，增强我的能力。就是读文艺作品如小说诗歌等，也不是没事做闲消遣。好的文艺作品中总含有一种人生见解和社会观察，这对于我的立身处世都有极大

① [苏]苏霍姆林斯基，《给教师的建议》，杜殿坤译，教育科学出版社 1984 年版，第 25 页。

的关系。”[①]著名的教育家朱永新先生说过：“教一些让学生一辈子真正有用的东西。”[②]“教孩子6年，我们要为他的60年打好底色。”[③]“部编版”语文教材总主编温儒敏教授说：“我曾经在北大本科一年级新生中做过一次调查，发现两点：一、凡是喜欢语文、养成了阅读习惯的学生，都是课外阅读量大、知识面广、读得很多‘闲书’的，这部分学生的思想比较活跃，整体素质也高；二、只熟习教材和教辅，课外阅读‘闲书’少，没有阅读习惯，即使考试成绩不错，进入大学后，往往会感到学习困难，视野窄，思路不够开阔。在应试教育还不可能完全取消的情况下，我认为，除了‘为高考而读书’，应适当保留一点自由阅读的空间，让学生的爱好与潜力在相对宽松的个性化阅读中发展。人文素质高了，其实也是有利于考试取得好成绩的。”[④]他还说：“应建立这样一种观念：语文教学的效果好不好，不止看课内或考试，很大程度上要看课外，看是否培养了学生的阅读兴趣与习惯。2011年版课标也强化了对于学生课外阅读的指导，强调在阅读上尊重天性，培养兴趣，提高能力——这三句话很值得琢磨。课内注意引起阅读的兴味，学生在课外就会主动找书来读，慢慢形成习惯。”[⑤]

2006年以来，国家开始倡导全民阅读。2012年，“开展全民阅读活动”写进党的十八大报告。2014年至2018年，国务院《政府工作报告》强调：“倡导全民阅读，建设书香社会”，并纳入“十三五”规划；《全民阅读促进条例》面向全社会征求意见。以吉林省为例，2013年，吉林省成立全国首家全民阅读协会——吉林省全民阅读协会，开始研发全民“大阅读观”理论和体系。2017年5月，《吉林日报》刊登赵云良撰写的《谈“大阅读观”的建立》，拉开了全民阅读内容建设的序幕。“大阅读观”得到长春市二道区东盛小学、长春市第二实验中学等学校的高度认同，并引入教育教学的实践之中，逐步形成了“全教育大阅读体系建设”工程。

国内学者的研究按阅读的结构、类型和性质可以归纳为四种类型：以接收信息为主的“学习型阅读”、以解决实际问题为主的“实用型阅读”、以审美愉悦为主的“休闲型阅读”和以创新为主体的“研究型阅读”。朱永新“新教育实验”提出了“改变，从阅读开始”“共读共写共同生活”阅读理念，认为“一个人的精神发育史就是他的阅读史，一个民族的精神境界取决于这个民族的阅读水平，一

① 朱永新编：《叶圣陶教育名篇选》，人民教育出版社2014年版，第268页。
② 朱永新、张菊荣：《行走新教育》，四川教育出版社2005年版，第12页。
③ 转引自赵振杰：《习惯教育论：一种教育哲学的思考向度》，浙江大学出版社2008年版，第201页。
④ 温儒敏：《温儒敏谈读书》，商务印书馆2019年版，第61页。
⑤ 温儒敏：《温儒敏谈读书》，商务印书馆2019年版，第62页。

个没阅读的学校永远不可能有真正的教育"。[①] 中国台湾学者赵镜中根据PIRLS2006的定义，提出"构建以阅读策略为导向的阅读教学"，认为阅读是超越语文的，重视阅读不应只是语文教师的工作。[②] 阅读是所有学科学习的基础，也是所有教师的责任。这些研究成果为我们进行高中语文阅读教学改革奠定了理论和实践基础。

第二节 意义价值

进行高中语文阅读教学改革，既要探索在高中阶段进行阅读教学的理论意义和实践意义，更要探索在普通农村高中学校进行语文阅读教学改革的可行性。

一、理论意义

(一)通过语文阅读教学改革，破解底蕴缺失的问题，让高中语文教学从重视学科分数走向重视核心素养

我们对2015级学生阅读状况进行了问卷调查。调查表明，73.2%的学生只用很少的一部分时间来阅读课外书籍，甚至有6.2%的学生阅读时间为零，只有20.6%的学生花在阅读方面的时间比较多。由于面临高考的压力，他们把大量的时间用在做数理化题目上；用在语文上的一点有限的时间，也是在"做语文"，而不是"读语文"。这样的阅读现状，使得学生的阅读量小，知识面窄，视野不够开阔，思想不够活跃；更可怕的是学生对优秀传统文化知之甚少，缺少文化底蕴，缺失民族情怀等等。长此以往，学生觉得读书乏味，厌倦读书，沦为做题的机器。这种状况在高中尤为突出。

进行语文阅读教学改革，就是要把高中学生从语文的题山考海中解放出来，就是要让高中学生从语文分数的阴影中摆脱出来，通过大量的课内阅读和课外阅读，激发学生的阅读兴趣，激发学生的生活热情，从而厚培他们的文化底蕴，提升他们的核心素养。

---

① 参见朱永新：《我的阅读观》，漓江出版社2019年版，第4页。

② 参见牛瑞雪：《构建以阅读策略为导向的阅读教学：台湾小学语文教育学会理事长赵镜中教授专访》，《小学语文》2009年第1期。

(二)通过语文阅读教学改革,破解急功近利的问题,让高中语文教学从违背教学规律走向科学健康发展

著名语文特级教师于漪说:“在学生青春年少之时,以机械操练充斥他们的生活、生命,使他们失去读书求知、饮琼浆、灌醍醐的最佳时期,从做人道德的形成,从文化素养的底蕴而言,造成的损失是永远无法弥补的。”①

现行高中语文教学最突出的弊端是:不按规律办事,太急于求成,太唯分数论,纯粹是为了赶进度而赶进度,纯粹是为了完成任务而完成任务。高一、高二该抓基础的时候不抓基础,干了高三的活,让学生先做高考题,美其名曰“高考前置化”“心有考向”;然后,让学生围绕高考考点,进行大量的训练,理论依据是“语文理科化”“锯响就有末”“水大泡倒墙”。高三该训练能力、该拓宽视野的时候,却因为基础不好、视野太窄,导致学生基础知识表述不准确,基本思路梳理不清晰,基本方法使用不灵活,只好回过头来干高一、高二的活。

进行高中语文阅读教学改革,就是要破解急功近利的问题,就是要改变目光短浅的做法,把“阅读”还给学生,让语文回归本源,让语文教学从违背教学规律走向科学健康发展,真正把发展学生的语文核心素养放在第一位。

(三)通过语文阅读教学改革,破解学习主体的问题,让高中语文教学从教师为主体走向学生为主体、教师为主导

巴西著名批判教育家保罗·弗莱雷(Paulo Freire)在《被压迫者教育学》中指出了以教师为中心的“讲授式教学”的种种弊端:(1)教师教,学生被教;(2)教师无所不知,学生一无所知;(3)教师思考,学生被思考;(4)教师讲,学生听——温顺地听;(5)教师制定纪律,学生遵守纪律;(6)教师做出选择并将选择强加于学生,学生唯命是从;(7)教师做出行动,学生则幻想通过教师的行动而行动;(8)教师选择学习内容,学生(没人征求其意见)适应学习内容;(9)教师把自己作为学生自由的对立面而建立起来的专业权威与知识权威混为一谈;(10)教师是学习过程的主体,而学生只纯粹是客体。②

在当前的高中语文阅读教学中,教师串讲、串问的“满堂灌”的教学模式尤为盛行。一堂课的成功与否,就看语文老师能不能成功地把学生引入自己的

---

① 于漪:《于漪全集》(3)(语文教育卷),上海教育出版社2018年版,第421页。

② 参见[巴西]保罗·弗莱雷:《被压迫者教育学》,顾建新等译,华东师范大学出版社2001年版,第25~26页。

"预设情景",能不能把学生带进自己的"埋伏圈"。在这种观念的支配下,学生的阅读,始终处于被动的地位、从属的地位,始终被老师牵着鼻子走。学生的思维越来越机械、表述越来越固化、思路越来越狭窄。

进行高中语文阅读教学改革,就是要破解学习主体的问题,就是要解决费时低效的问题,就是要树立以"学生为主体"的教学思想,就是要充分发挥学生的主动性、积极性,让学生读,让学生写,让学生评,让学生设计活动,让学生拍摄视频,把学生的学习自主权落到实处,使之成为学习的主人。

(四)通过语文阅读教学改革,破解阅读低效的问题,让高中语文阅读教学适应新的高考命题形式

阅读有规律可循,有方法可用。东晋大诗人陶渊明在《五柳先生传》中写道,"好读书,不求甚解;每有意会,便欣然忘食",讲述了五柳先生读书的方法与境界。法国学者帕斯卡尔(Blaise Pascal)三百年前就说过,读得太快或太慢,都将一无所获。1940年,美国教育家莫提默·J.艾德勒(Mortimer J. Adler)就写出了《如何阅读一本书》,今天,这本书已经成为人们走进阅读之门的经典书籍。

在当前的高中语文阅读活动中,学生的阅读方法不够科学,阅读技巧不够娴熟,导致阅读速度慢,阅读效果差。而当前语文高考的改革又给学生的阅读能力提出了更高的要求。2017年,北京大学语文教育研究所所长、部编版语文教材总主编温儒敏教授就曾透露语文改革的新动向,高考命题方式正在进行很大的改革,而且在悄悄地改:阅读速度,以前卷面大概7000字,现在是9000字,将来可能会增加到1万字;阅读题量(不是题目的数量,是学生要做完的题的题量)会逐年增加,语文高考试题有15%的考生做不完是正常的;阅读面也会悄悄发生变化,哲学、历史、科技各种类型的内容都有,高考语文阅读题的选文范围,将会远远超出高中教材和一般高中生的认知范围,难度、深度、广度全面向学术级、经典级看齐!

进行高中语文阅读教学改革,就是要破解阅读低效的问题。指导学生进行阅读,让学生总结阅读规律,通过默读、浏览、朗读等各种各样的形式,进行广泛阅读、深入阅读、探究性阅读、批判性阅读。全面提高学生的阅读速度,提高学生的阅读质量,不仅要读完文本,更要读好文本,以适应高考命题形式的变化。

二、实践意义

苏霍姆林斯基说,一所学校,可能许多方面都很简陋贫乏,但只要有图书,

学生有书看，就能称得上学校了。朱永新在《我的阅读观》一书中也提出了类似的观点："一个没有阅读的学校永远不可能有真正的教育。"[①]的确，学校是教书的地方，更应该是读书的地方。

当前，在许多高中学校，有气派的教学楼，却没有读书的图书馆；有读书的图书馆，却没有丰富多彩的图书；有足够的图书，却被束之高阁，沾满灰尘。究其原因：一是没有一个重视读书的校长，二是没有一群读书的老师，三是没有一定的读书时间。

进行高中语文阅读教学改革，就是要以阅读为抓手，改变高中阶段学生"无书读、读书少、读书浅"的现状，建设"书香校园"，探索高中阶段新的育人模式。

校长是一所学校的灵魂，一个爱读书的校长才能建设"书香校园"，才能真正提高学校的品位和境界。苏州大学附属中学校长、全国优秀教师、语文特级教师高万祥曾说，最优秀最幸福最美丽的教师，一辈子只做两件事——读书、教书。他说，学校首先是教师读书的地方，然后才是学生读书的地方，校长要积极营造书香校园。校长的境界决定了学校的境界，校长的格局决定了学校的格局。改革自上而下推动，往往事半功倍。

教师应当做好"书香校园"的领读者。想让学生热爱读书，教师必须身体力行，热爱读书。如果一个老师"两耳不闻窗外事，一心只读课本书"，除了教材上的那点知识，"家事、国事、天下事"全不关心，怎么能培养出爱读书的学生？北宋欧阳修《欧阳文忠公文集》云："立身以立学为先，立学以读书为本。"朱永新教授告诉育人者，教师要成为真正的读书人，就要在阅读上领先一步，把阅读当成自己的生活方式，作为自己日常生活的必需，用阅读去擦亮每个日子，呵护每个生命。

建设"书香校园"，学校一定要有一套以图书馆为中心的阅读设施，通过设立年级读书广场和班级读书角，尽可能在学校任何地方让书籍触手可及，让阅读无处不在。一定要培养一支热爱读书的教师队伍，创造浓郁的阅读氛围，搭建多元的阅读平台，让阅读成为师生在校园的生活方式，让校园充盈书香。学校一定要制定一套完善的评价体系，推动书香校园的建设。

于漪老师说，教师要心怀一盏属于中国的灯火。作为一名教育工作者，要用阅读和书籍去点亮中国教育的星火。在书香弥漫的校园里，让师生在文字中享受晨诵、午读和暮省的"悦读"生活，在浓郁的书香中轻舞飞扬。

---

① 朱永新：《我的阅读观》，漓江出版社 2019 年版，第 4 页。

三、应用价值

相比高中其他学科，语文学科更容易变革。不改革，按部就班地教，“从来如此”地教，学生的语文成绩不会出现大的变化，但学生的阅读层次非常浅，语文素养非常低。进行阅读改革、整合阅读内容、改变教学方式，学生的语文成绩短时间内可能会出现一些波动，但从长远来看，学生的语文素养一定会有大的提升。

一旦语文学科有所突破，就可以带动其他学科的变革，学生进行“全科阅读”，整个学校就会呈现出新的气象。

在宁阳县第四中学这样一所普通农村学校进行的改革、总结的经验，更容易在大范围内推广。

第三节 探索实践

2013 年，山东省宁阳县第四中学开始进行语文整体阅读改革。八年来，我们不断完善研究假设，不断丰富研究内容，不断创新研究形式，研究过程严谨扎实，研究数据准确翔实，最终形成“高中语文‘四段式·六化式’课内外阅读任务群设计研究”阅读教学成果。

一、研究假设

第一，调研学生阅读现状，分析学生阅读心理，解决高中学生在阅读课程方面存在的问题，力求构建出富有特色的高中语文阅读校本课程。

第二，依据高中语文课程标准和学生阅读兴趣，力争编订受学生喜欢的校本阅读教材。

第三，改变阅读课费时低效的现状，力争构建出高效的课内阅读模式和学生喜欢参与的课外阅读实践活动模式。

第四，通过阅读大量的优秀文学作品，学生形成正确的人生观、价值观、世界观，具有健康的人格、积极向上的人生理想，增强为民族振兴而努力的使命感和社会责任感。

第五，通过大量的阅读训练，学生具有良好的阅读习惯，提高阅读速度和阅读质量，拥有较强的思辨能力。

第六，通过写作训练，学生能具备观点明确、内容充实、思维清晰、情感真实的书面表达能力。

第七，通过参加丰富多彩的语文课外实践活动，学生具备演讲、辩论赛等活动的口头语言表达能力和应变能力。

二、核心概念

本书的核心概念：四段式、六化式、任务群、课程标准。

本书的内涵：以课程标准为指导，以语文核心素养为目标，以任务群为抓手，从阅读出发，改革旧的耗散性讲析模式，注重激发学生的语文阅读兴趣，通过构建高中语文校本阅读课程和阅读教学模式，突出广泛而自主的大量阅读，突出全方位的阅读技巧和能力的指导与训练，从多种渠道培养良好的阅读习惯，以阅读带动语文核心素养的全面提高。突出学生的文化背景积淀，突出语文教育的人文熏陶。

三、研究内容

(一)把握学科教学的关键要素，建构“横向分类，纵向分层，任务推进，大小学时并行”的高中语文校本课程

1.横向分类

依据语文核心素养“语言建构与运用、审美鉴赏与创造、思维发展与品质、文化传承与理解”的四个维度，重构语文学科课程、语文实践活动课程、优秀传统文化三种课程。

2.纵向分层

高一广泛阅读，激发兴趣；高二深入阅读，形成成果；高三迁移运用，提升能力。

3.任务推进

制定十二个阅读任务群，打通课内教材与课外阅读文本，打通课内阅读教学与课外阅读实践，打通应试能力的培养与语文核心素养的提升。十二个任务群：演讲美丽人生，点评净化心灵；评今之大事，扬浩然正气；品读文学剧本，演创经典剧本；读现当代小说，品鉴人物形象；品读名家散文，享受文化盛宴；走近唐诗宋词，领略诗词魅力；品读人物传记，感受伟人魅力；走进鲁迅作品，领略文人风骨；读名著，品三国；读《论语》，诵《诗经》；诵读《红楼梦》，体会百味人生；逝去的乡村，永恒的精神。

4.大小学时并行

在课程学时的安排上，有课前 5 分钟的演讲，有课间 20 分钟的“我是校园

演说家",有2小时的连堂课内阅读,大小学时并行,推进语文阅读教学的开展。

(二)创新语文教学,构建"四段式"阅读教学模式和"六化式"课外阅读实践活动模式

1."四段式"课内阅读模式

"四段式"即读—写—展—评四段。读即通过默读、诵读等多种阅读形式,了解体会作品的内容,为写做铺垫。写即选择自己最感兴趣的一个角度进行鉴赏、评价。展即在小组内、全班内、年级组织的讲坛上进行展示交流,进行思维碰撞。评即结合学生的作品,学生互相评价,教师评价指导,从而提升学生对文本阅读的层次。

2."六化式"课外阅读实践活动模式

"六化式"即演说化、辩论化、表演化、采风化、吟诵化、成果化。强力推进,做到阅读时间、地点、内容、笔记、辅导和评价六到位。

(三)创新实施语文阅读评价,充分发挥评价的激励和导向作用

创新课程评价,发挥评价对教师的激励作用,如制定《宁阳四中语文课程建构与教学创新教师评价办法》,鼓励老师们大胆改革。

创新课程评价,发挥评价对学生的激励作用。如制定《宁阳四中课本剧大赛评比办法》,鼓励学生参加丰富多彩的活动。

改革考试方式,将所读内容纳入考试范围,通过考试考查学生的语文素养。

四、研究对象

宁阳县第四中学高一、高二、高三的学生。

五、研究方法

在本书项目研究的过程中,我们分别采用了调查法、观察法、文献研究法、个案研究法等方法。

(一)调查法

我们在本书项目实施过程中,通过问卷调查、访问调查等方法,了解学生阅读的真实情况、分析学生阅读中存在的问题、认真研究学生的阅读兴趣,得出阅读结论,寻找解决办法或进一步研究的方案。

1.调查一:高中生阅读书目现状调查

表 1-1　高中生阅读书目类型的抽样调查表

阅读书目	人数(共 1340 人)	占比
戏剧文学类	160 人	11.9%
历史传记类	280 人	20.9%
散文类	390 人	29.1%
小说类	370 人	27.6%
古典文学类	113 人	8.4%
科普类	27 人	2.0%

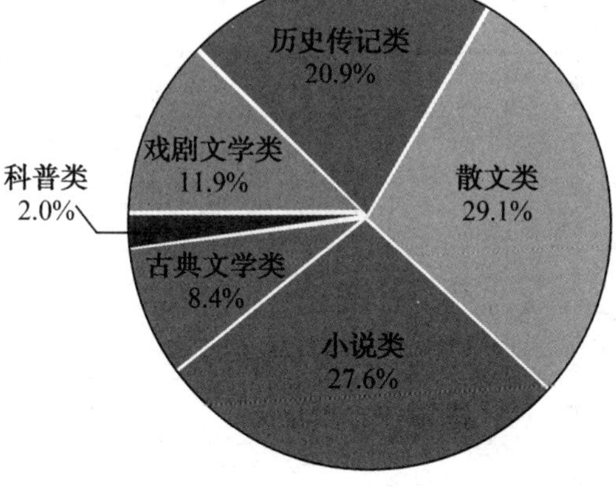

图 1-1　高中生阅读书目类型的抽样调查图

通过表 1-1 和图 1-1 对 2018 级学生阅读书目类型的调查来看,高中生的课外阅读整体呈现多元化发展的趋向,高中生课外阅读的主流是散文类、小说类作品,对历史传记类、戏剧文学类书籍兴趣也较为浓厚,对科普类读物的兴趣不够浓厚。小说类作品故事性强,学生比较喜欢,读起来稍微容易,易于接受,尤其是经典名著;散文类书籍比较贴近学生的生活,有利于净化学生心灵,提升学生语言表达水平,这两类书籍又与当下高考衔接紧密,学生喜欢阅读。

孙犁在《致铁凝信》中说:“我读书,不分中外。”孙犁的“读书法”,既是作家写出优秀作品的必由之路,也是高中培养优秀人才的必由之路。我们的校园应让经典阅读蔚然成风，校园内洋溢着思想自由、兼容并蓄、淡定从容的读书交流的氛围，充满着书香的气息！

2.调查二：课外阅读现状的抽样调查

我校对高中2019级同学的课外阅读现状进行了调查，收回有效问卷1000份，抽样调查了7个班级，并针对影响同学课外阅读的因素这一问题进行了随机问卷。

表1-2　高中生阅读时间调查与问卷结果

		如有自由支配时间以课外阅读为首选活动的人数	平均每人每天用于课外阅读的时间
2019级2班	女	10人	35分钟
	男	5人	
2019级6班	女	10人	24分钟
	男	5人	
2019级10班	女	8人	15分钟
	男	3人	
2019级14班	女	9人	15分钟
	男	4人	
2019级16班	女	6人	20分钟
	男	3人	
2019级18班	女	7人	10分钟
	男	4人	
2019级22班	女	15人	25分钟
	男	5人	

调查结论（见表1-2）：

(1)能够自由支配阅读的学生人数较少，均不超过班级人数的一半，仅占班级总数的1/3，甚至1/4。

(2)平均每人每天用于课外阅读的时间较少。从表1-2可以看出，课外自由阅读的选择中各班女生人数高于男生。相较于女生而言，男生的思维方式和视野有关系。

(3)调查影响自己在课外阅读方面保有兴趣和投入时间的因素时,回答“课内作业多,每天自由支配的时间有限”的占55%,“自己考试不理想,需大量做模拟题以弥补,故没有多余时间”的占25%,“觉得看课外书很累,不如上网看电视来得轻松”的占10%,因“家长认为课外书是闲书,根本不支持”的占8%,因“自己没兴趣认为没必要”的占2%。

但是,无论男生还是女生,都应该加强阅读时间的安排,主动阅读经典书籍,广泛涉猎,丰富自我,提升语文核心素养,既可以放松身心压力,又可以启发心智、丰富知识,还可以提高阅读和写作水平。

而今,新课程标准把丰富语言积累纳入了教学目标之中,由此可见,阅读教学在高中语文教学中的作用不容小觑。教师要结合目前学生课外阅读的现状,指导学生合理选择课外阅读书目,培养学生的阅读兴趣。

为了提高课堂教学的有效性,教师要有明确的教学目标,引导学生采用正确的阅读方法,开展合作性阅读,提高自身的语言素养。

(二)观察法

科学的观察具有目的性和计划性、系统性和可重复性。学生在阅读过程中运用动态的方法对学生进行观察,从入学初的阅读层次、阅读面等角度着手,看学生在读、写水平上的进步与提升。

表1-3　高一、高二年级阅读教学观察记录

		高一4、9、16、21班	高二2、4、13、23班
阅读准备	时间准备	周日下午(连续4节)	周六下午(连续4节)
	材料准备	1.固定阅读书目《人生》。 2.《意林》《作文素材》《中学时代》等期刊。	1.固定阅读书目《活着》。 2.《白鲸》《追风筝的人》《行者无疆》《平凡的世界》及部分期刊。
阅读过程	阅读时长	1.观察班级能够较好地开展阅读,近2/3学生能够静心阅读,每节课时间在35分钟以上。 2.约1/3学生阅读时不能专心投入,存在左顾右盼等现象。	1.观察班级能够提前开始阅读活动,近1/2学生能够坐下看书。 2.近90%的学生阅读时长能够持续40分钟。 3.几乎没有左顾右盼等现象。
	辅助手段	1.约1/4学生能够手中拿笔进行阅读,同时标画句子。 2.约1/2学生手中没有文具,只是看书。	1.90%以上学生能够手中拿笔,边读边画。 2.约2/3左右的学生能够进行边读边写,篇幅长短不一。

续表

		高一4、9、16、21班	高二2、4、13、23班
阅读效果	标画旁批	观察班级多数没有做旁批。	都有旁批习惯。
	摘抄习作	基本都有读书笔记,但是记录的数量差别很大。	摘抄时间长,篇幅多数较长。

(观察人:徐刚、郑吉刚、安娜、赵腾;观察时间:2020年9月5日)

表1-3为高一、高二年级阅读教学观察记录表,通过观察结果分析:

(1)从阅读准备来看,经过一年的阅读,高二学生的阅读兴趣较高,能够主动准备书籍进行阅读,高一多数学生仍然以期刊杂志等短篇阅读为主,阅读欲望不强,内容选择倾向浅层。

(2)从阅读过程来看,没有经过系统要求的高一学生在阅读习惯等方面存在较多问题,高二学生的阅读习惯有极大改善,阅读辅助手段增加,阅读过程更为高效。

(3)从阅读效果来看,高二学生明显摘抄较多,多数学生有个人习作及心得;高一阶段学生动手较少,阅读效果观察不明显。

表1-4 高一限时作文训练课堂观察

	项目完成情况	人数
写作时间(90分钟)	60分钟	2人
	70分钟	5人
	80分钟	9人
	90分钟	28人
完成人数(共52人)	完成	44人
	未完成	8人
素材来源	阅读笔记	7人
	材料书籍	19人

(班级:高一3班;观察人:徐刚;观察时间:2019年11月)

表 1-5　高二限时作文训练课堂观察

	项目完成情况	人数
写作时间 (90 分钟)	60 分钟	9 人
	70 分钟	4 人
	80 分钟	18 人
	90 分钟	19 人
完成人数 (共 52 人)	完成	50 人
	未完成	2 人
素材来源	阅读笔记	37 人
	材料书籍	25 人

(班级:高二 3 班;观察人:徐刚;观察时间:2020 年 9 月)

表 1-4、表 1-5 为同一班级高一时和高二时的限时作文训练课堂观察记录情况,通过观察结果分析:

(1)高一时学生写作能力较差,15%的学生不能在规定时间内完成作文训练,13%的学生素材来源于读书笔记,37%学生素材来源于材料书籍。

(2)高二时学生写作能力明显提升,3%的学生不能在规定时间内完成作文训练,71%的学生素材来源于读书笔记,48%的学生素材来源于材料书籍。

通过对同一班级的追踪观察发现,阅读对写作的提升效果明显,阅读笔记等阅读积累能够有效提升学生写作能力。

表 1-6　高一、高二课堂教学观察记录

	课前演讲		课堂提问		回答效果
	时间	表现	主动回答	教师点名	
高一	5 分钟	未脱稿、紧张、形式单一	3 人	6 人	2 人次回答偏题,不合要求。 1 人次点名未回答。 3 人次语言组织差,辞不达意,言语啰嗦。 3 人次能够有效组织语言,回答针对性强。

续表

	课前演讲		课堂提问		回答效果
	时间	表现	主动回答	教师点名	
高二	8分钟	有课件、视频，带有演讲动作，声情并茂	8人	4人	6人次回答具有针对性，语言组织能力较强。 1人次答案简单，不合要求。 2人次积极表达，但语言组织能力较差。

（班级：高一7班、高二16班；观察人：徐刚；观察时间：2020年9月19日）

表1-6为高一、高二课堂教学观察记录情况，通过观察结果分析：

从课前演讲的观察比较看，高二学生不论是选题，还是语言、形式，都要优于高一学生；从课堂提问及效果来看，高二学生具有更强的主动表达欲望，语言能力较强，思维更加清晰，回答更有逻辑性。

（三）文献研究法

本书项目组在研究的过程中，通过查阅文献，了解了当前高中学生阅读方面的现状，确定了研究的课题；通过学习中外教育家有关阅读方面的书籍，掌握了一些阅读指导方面的技巧。例如，苏联教育家苏霍姆林斯基曾经说过：“让学生变聪明的方法，不是补课，不是增加作业量，而是阅读、阅读、再阅读。”[①]类似教育大家在阅读教学方面的理念，为我们指明了研究方向。

（四）个案研究法

本项目开展一段时间后，出现了一些“阅读达人”，他们通过大量的阅读，通过参与阅读实践活动，提升了自己的语文素养。被誉为“四中才女”的潘雨桐是其中表现非常突出的一位同学，她曾获得叶圣陶杯作文大赛特等奖、泰安市国学小名士比赛二等奖，在2020年高考中，她的语文成绩是128分，这是一个非常高的成绩。研究她的成长过程，总结她的成长规律，对于培养语文优秀学生、解决学生的语文弱科问题有一定的借鉴意义。以下是潘雨桐的成长案例。

宁阳四中学子潘雨桐个案追踪

“读万卷书，行万里路”是2017级9班潘雨桐同学的座右铭。因为她相信，

① ［苏］苏霍姆林斯基：《给教师的建议》，杜殿坤译，教育科学出版社1984年版，第25页。

一个人可以在阅读中成就自己，所以她博览群书，不断充实自己，用功且勤奋，一直是个品学兼优的四中学子。潘雨桐同学相信“凡有所学，皆成性格”，她的兴趣爱好广泛，尤其在阅读方面，积极参加各类活动，曾两次获得书法比赛奖项，曾获微视频大赛一等奖，曾被授予“县优秀青年志愿者”荣誉称号。

“腹有诗书气自华”，因诗书一点一点地熏陶浸润，潘雨桐同学愈加优秀。也是出于对诗词，对国学的热爱，潘雨桐参加了县“国学小名士”电视大赛，并在比赛中凭着深厚扎实的功底和优秀的心理素质，一路过关斩将，最终一举夺下大赛桂冠。随后，她又作为宁阳县的唯一代表，参加了泰安市的“国学小名士”比赛，并取得了好成绩。

《庄子》云：“吾生也有涯，而知也无涯。”潘雨桐同学坚持不断地求知问道，把握每一次机会提升自己。2018 年 6 月，潘雨桐同学入围了“语文报杯”全国中学生作文大赛现场决赛，在人才济济的全国性赛场上，她稳定心态，凭借平时在学校大阅读课堂积累的丰富作文素材，在写作课上锻炼的优秀文笔，在众多选手中脱颖而出。最终她的参赛作品——《先生风骨，英雄是哉》获得了该大赛的国家级“特等奖”。

在宁阳四中精彩纷呈的阅读活动中，潘雨桐同学数次参加学校组织的“校园演说家”活动，将自己的独特观点化作铿锵的言辞在校园一隅与所有同学分享。

2019 年 5 月，潘雨桐同学参加了宁阳县“新华书店杯”第二届中学生辩论大赛。比赛中，她担任反方一辩，唇枪舌剑，妙语连珠，她带领团队击败对手，获得了“最佳辩手”的称号。

2019 年 10 月，潘雨桐同学又在“叶圣陶杯”全国中学生作文大赛中脱颖而出，参加了在山东省日照市举办的现场决赛。最终她的现场作文《远行如诗》获得了全国现场决赛一等奖。

功夫不负有心人，在阅读的滋养下，在宁阳四中各项阅读改革活动的推动下，在 2020 年高考中，潘雨桐同学语文学科获得了 128 分的优异成绩，个人也以 634 分的总分被中国农业大学录取。

回忆三年来的阅读之路，潘雨桐同学感慨万千：“非学无以广才，非志无以成学。做一个虔诚的阅读者，积累每一滴水，每一粒沙，在努力与坚持之中造就自己的海阔天空，相信不久的一天，努力的人终会鱼跃成龙，纵横九天。”

六、研究过程

（一）准备阶段（2019 年 4 月～2019 年 8 月）

（1）结合学校实际与学科教学情况，论证、制订、完善“基于学生核心素养的高中语文课程建构与教学创新”研究方案，明确项目研究方向，分解研究任务，进行组员分工。

（2）订购相应的教育理论书籍，组织项目组进行理论学习，撰写读书心得，为本书研究的顺利开展做足准备，利用微信群及时分享学习资料，讨论交流。

（3）召开项目组会议，进一步统一思想，认清语文的重要性和语文改革的必要性。在专家的指导下，完成开题报告。

（4）完成项目学情前测以及当下高中语文阅读现状调查。

（5）围绕“横向分类，纵向分层，任务推进，大小学时并行”的高中语文校本课程，制定子项目研究方案，力争人人都研究，个个有项目。

（6）依据三个年级学生各自特点，制定丰富多彩的语文读写实践活动方案，如“校园演说家”活动方案、以“逝去的乡村·永恒的记忆”为主题的微视频大赛活动方案等。

（二）实施阶段（2019 年 9 月～2021 年 4 月）

这一阶段是规范系统阶段，在实践过程中，不断完善高中语文课程建构与教学创新工作，编订校本课程，形成完备的语文阅读流程。具体工作如下：

（1）全面推开项目研究，各实验教师依据分工，开展各子项目的研究。

（2）组织项目组成员参加培训，进一步提升理论水平。针对研究过程产生的问题及时调整研究思路与方法。做好阶段性总结，做好研究资料的整理与保存工作。

（3）编订小说、散文、人物传记、剧本、乡土文学、演讲等校本课程。

（4）加大教研力度，召开课题研讨会、推进会，形成阅读课教学模式和课外阅读实践活动模式。

（5）创造性地开展丰富多彩的阅读展示活动，如校园演说家、校园诗词大会、辩论赛、学生讲坛等活动。

（6）组织学生参加语文报杯、叶圣陶杯等全国性作文大赛。

（7）组织一次县域内的阅读现场会。

(8)进一步完善语文教师的考核机制,各项活动的评价机制。

(三)总结阶段(2021 年 5 月～2021 年 6 月)

(1)项目组成员进行个人总结反思,争取在各级各类刊物中发表论文。

(2)项目组对三年来的研究工作进行全面总结和理论概括,进行分类汇总,撰写研究主报告和工作报告。

(3)编辑学生期刊,展示学生创作作品。

(4)编辑教师论文集,形成项目理论成果集。

(5)举办有省市课题专家参加的项目总结会,总结经验,查找问题,形成成果。

(6)申请项目验收。

第四节　研究结论

通过八年多的努力,宁阳四中“基于学生核心素养的高中语文课程建构与教学创新”项目组构建了富有特色的高中语文校本课程,构建了高中语文阅读课教学模式和学生课外阅读实践活动模式,创新了语文教学评价,增强了高中学生的语文阅读兴趣,培养了高中学生的良好阅读习惯,提高了高中学生听、说、读、写的能力,提升了高中学生的语文核心素养,形成了阅读教学改革成果——“高中语文‘四段式・六化式’课内外阅读任务群设计研究”成果,将党的十八大“立德树人”的根本任务落到了实处。

第一,构建的“横向分类,纵向分层,任务推进,大小学时并行”的高中语文校本课程体系,切块科学,层次清晰,任务明确,时间安排合理,符合课程标准要求,契合学生阅读心理,满足学生阅读愿望。

第二,构建的读—写—展—评“四段式”课内阅读教学模式丰富了高中语文阅读课型,明确了阅读课各阶段的具体任务,增强了阅读课堂的紧凑性,提高了语文课内阅读效益。

第三,构建的演说化、辩论化、表演化、采风化、吟诵化、成果化“六化式”课外阅读实践活动模式,丰富了学生的课外阅读生活,调动了学生参与语文阅读的积极性,提高了学生的口头语言表达能力和思辨能力,培养了学生对文化的自信和对家乡的热爱。

第四,创新实施的语文阅读评价,充分发挥了评价对教师和学生的激励导向作用,激发了教师和学生进行语文阅读教学改革的热情,对于语文阅读教学改革向纵深发展起到了积极的推动作用。

第五，学生读书兴趣显著提高。本项目研究前有70%的学生喜欢读书，但是经常进行阅读的学生只有32%，与同学交流阅读情况的学生只有19%。通过课题研究的逐步发展，学生对阅读的喜爱度大大提高，经常进行课外阅读的同学比例上升到52%，经常和同学们交流课外读书情况的同学比例上升到32%，这些数据都说明了学生已养成爱读书的好习惯，养成了爱积累的习惯，学会了交流运用的阅读方法。通过开展课外阅读指导活动，尤其是单元整合、课内与课外结合的群文阅读，老师指导学生在训练中学会了积累，学会了运用。

第六，学生语文素养显著提高。随着语文阅读学习方式的改变，学生能灵活运用精读、略读、浏览、速读等阅读方法进行阅读。学生能从整体上把握文本内容，理清思路，概括要点，理解文本所表达的思想、观点和感情；能提出问题，分析问题，解决问题；能从不同的角度和层面进行阐发、评价和质疑；能通过演讲、辩论赛等活动不断提高应变能力。学生的阅读速度、阅读质量和理解能力不断提高，考试能力也不断增强，语文成绩大幅度提高。

第七，教师的教研水平、科研能力显著提升。通过项目研究，项目组教师边教学边研究，让研究服务于教学，让研究服务于学生，在研究中发现问题，在研究中积累经验。学校涌现出一批热衷阅读、执着钻研的优秀教师，他们把学生带进了一个阅读世界，也把自己带进了阅读的世界；他们在不断提升学生阅读水平的同时，也在不断提升自己的阅读境界。教学相长，美美与共，教师们的教育科研能力和创造能力不断提高，促进了专业发展。大部分教师成为语文学科教学的骨干力量，不少教师找到了自己的研究方向，有几位教师在国家级核心期刊发表了有独特见解的文章。

第五节　实践成效

八年的语文阅读教学改革，宁阳四中硕果累累。学生语文核心素养不断提高，高考语文成绩进步明显；教师专业能力不断发展，研究成果得到不断推广。《中学生》《中国教育报》等多家杂志对宁阳四中的特色活动进行了专题介绍。

一、学生语文成绩不断提高

语文阅读教学改革，提升了学生的语文素养，提高了学生的语文成绩。原来阅读量小，知识面窄；阅读速度慢，效率低；机械做题，定式思维；被动学习，急功近利。进行阅读改革后，学生的阅读速度和阅读效率有了提高。学生把握文本和理解文本的能力有所提升，学生的临场应变和快速应答能力得到了很大的提升。学生考试能力不断增强，语文成绩大幅度提高，总体成绩也不断进步。

2013～2021年，宁阳四中实现升本科率连续八年增长。2017年高考，李安然同学获泰安市文科状元，语文138分，居全省第二名。2019年高考再创辉煌，本科上线人数突破700人；在尖子生培养方面也取得重大突破，有多人考进南开大学、西安交通大学、厦门大学、吉林大学、中南大学、中国地质大学等名牌大学；高三26班语文成绩平均分117.6分，最高分128分，优秀8人，而高三分班时市统考成绩语文平均分107分，最高分121分，优秀仅1人。2020年高考，本科上线人数突破800人；语文学科优秀率、双过线人数名列各学科之首，做出了较大贡献；潘雨桐同学语文128分，居于全省前列。

表1-7至表1-11是宁阳四中部分统考成绩、部分班级统考成绩对照情况以及2019年高考成绩。

表1-7　2021年7月泰安市统考高一年级成绩排名人数统计

	前500名	前1000名	前2000名	前3000名
入校时	54人	214人	693人	1063人
高一下学期末	71人	270人	761人	1141人

表1-8　2021年7月泰安市统考高二年级成绩排名人数统计

	前100名	前200名	前300名	前500名	前800名	前1000名	前1500名	前2000名
入校时	0人	1人	3人	22人	75人	138人	342人	616人
高二下学期末	8人	20人	46人	90人	180人	255人	481人	701人

表1-9　2021年2月泰安市统考高三年级一模成绩排名人数统计

	前100名	前200名	前300名	前500名	前1000名	前2000名
入校时	1人	11人	22人	47人	155人	670人
高三一模	10人	30人	50人	103人	271人	714人

表 1-10 2018 级部分班级入校成绩与高一、高二市统考成绩对照(分)

时间	班级、平均分(分)										
	1 班	2 班	3 班	4 班	5 班	6 班	7 班	8 班	9 班	10 班	11 班
2018 年 9 月	90.89	91.05	91.11	91.86	93.08	91.55	88.78	90.28	91.81	89.98	92.06
2019 年 1 月	93.45	92.44	91.34	92.09	95.02	93.67	90.56	91.34	92.77	89.88	93.45
2019 年 7 月	94.56	93.34	92.88	92.75	95.67	94.45	91.56	93.01	93.49	91.07	94.06
2020 年 1 月	96.45	94.67	94.09	94.49	96.57	95.08	93.88	94.67	94.66	92.56	94.81
2020 年 7 月	96.96	96.56	95.88	95.36	97.88	97.06	95.89	95.98	96.74	95.85	96.06

表 1-11 2019 年高三 26 班高考语文成绩(分)

姓名	科类	语文	数学	英语	理综	总分
高益辰	理科	128	125	139	266	658
吕建浩	理科	113	126	136	252	627
宁方瑞	理科	113	125	135	252	625
李汶洛	理科	113	120	124	263	620
刘宏业	理科	115	117	132	254	618
王志成	理科	121	135	138	224	618
宁秋硕	理科	122	130	131	235	618
马晓郡	理科	118	118	135	242	613
朱凤麟	理科	127	128	132	222	609
陈　悦	理科	122	127	141	216	606
陈　征	理科	124	110	138	234	606
于慧敏	理科	116	108	138	233	595
宁晓松	理科	112	119	108	254	593
张泰宁	理科	124	104	130	234	592
桑兆帅	理科	117	127	118	226	588
陈鹏月	理科	111	105	135	217	568

续表

姓名	科类	语文	数学	英语	理综	总分
苏　浩	理科	110	117	101	235	563
王　青	理科	107	121	132	203	563
张鲁洋	理科	122	90	137	208	557
平均		117.6	—	—	—	—

二、学生语文素养不断提升

学校构建的演说化、辩论化、表演化、采风化、吟诵化、成果化“六化式”课外阅读实践活动模式，搭建了丰富多彩的活动平台，促进了学生听说读写能力的提升。

(一)作文大赛屡创佳绩

在第十九届“语文报杯”全国中学生作文大赛现场决赛中，刘璐玥、王秋函获现场决赛一等奖，宁一搏获现场决赛二等奖；宁阳四中荣获“作文教学先进单位”称号。在第二十届“语文报杯”全国作文大赛决赛中，潘雨桐获得全国特等奖。郑睿、金乔、李淑贤等三名学生获得全国二等奖，宁阳四中荣获“作文教学先进单位”称号。

在第十五届“叶圣陶杯”作文大赛现场决赛中，朱雅寒获大赛一等奖，宁一搏、王海晨、肖润泽、宁健坤、庞人可、杜宏瑞等 6 名学生获大赛二等奖，韩子奇、刘佼、石蓓、周润、刘悦等 5 名学生获三等奖，300 多人获省级奖项。在第十六届“叶圣陶杯”作文大赛中，周鹏、乔俊晓，宿珂、李雨寒等 4 名学生获得一等奖，11 名学生获得二等奖，20 名学生获得三等奖，22 名学生获得优秀奖。在第十八届“叶圣陶杯”作文大赛现场决赛中，程子其、徐施宁获得现场决赛一等奖。

在第十五届“创新杯”作文大赛现场决赛中，张雨荷等 3 名学生获得一等奖，陈鹏月等 10 名学生获得二等奖，宁方瑞等 10 名同学获得三等奖。此外，贺晓冉同学在开幕式上代表所有参赛同学向大会致辞，吕建浩、朱凤麟、乔康剑、姬星宇、王子行、宁一搏等同学在颁奖典礼上演唱歌曲《北京东路的日子》。

(二)辩论大赛展示风采

在宁阳县“新华书店杯”首届普通高中学生辩论大赛决赛上，宁阳四中高二文科一班组成的“梦想队”一路过关斩将，勇夺冠军。

2021年5月，在宁阳县“新华书店杯”第三届普通高中学生辩论大赛决赛上，宁阳四中“青春队”“梦想队”分别获第一名和第三名。2021年7月，在泰安市第三届普通高中学生辩论大赛决赛上，宁阳四中“青春队”获得一等奖并代表泰安市参加山东省第三届普通高中学生辩论赛，获得山东省辩论赛三等奖，郑吉刚老师获山东省优秀指导老师奖。

（三）国学大赛成绩喜人

在2018年宁阳县“复圣国学小名士”电视大赛中，潘雨桐勇夺大赛冠军，宁阳四中荣获“优秀组织奖”，语文教师郝凤华获“优秀指导奖”。

在2019年泰安市“泰山国学小名士”经典诵读电视大赛决赛中，马培森勇夺大赛第二名。宁阳四中荣获“优秀组织奖”，辅导教师王晓敏获“优秀指导奖”。

（四）演讲比赛、话剧表演不断获奖

在泰安市、宁阳县各类演讲比赛中40多人获特等奖、一等奖。在2018年宁阳县中小学艺术节戏剧大赛中，由宁阳四中高二年级沈新宇、朱馨玉、郑吉乐、徐浩、曹雪霖、高栾等学生组成的声音剧社表演的《海阔天空》获得一等奖。

（五）文学作品纷纷发表

近年来，共有100多名学生的文章在各类报刊发表。其中姜书涵、宁尚坤、王乐辰三位学生的作品分别发表在《作文与考试》（高中版），吴宇歌的作品《土地，土地》收录到《现代语文》专刊中。

三、教师专业不断发展

语文阅读教学改革带动了教师的教研水平、科研能力的提升。通过项目研究，教师边教学边研究，让研究服务于教学，让研究服务于学生，在研究中发现问题，在研究中积累经验。学校涌现出一批热衷阅读、执着钻研的优秀教师，他们把学生带进了一个阅读世界，也把自己带进了阅读的世界；他们在不断提升学生阅读的水平，也在不断提升自己的阅读境界。教学相长，美美与共，他们的教育科研能力和创造力不断提高，促进了专业发展，大部分老师成为语文学科教学的骨干力量，不少老师都找到了自己的研究方向。

2017年8月，苏维东校长在《中国教师》发表《为幸福人生奠基——宁阳四中语文课程改革的实践探索》。该文章对宁阳四中正在进行的《基于学生核心素养的高中语文课程建构与教学创新》项目进行了理论上的提炼和概括、经验上的总结和反思，对于项目的顺利推进具有重要的指导意义。程国栋老师在《语言文字报》《课外语文》《语文天地》《散文百家》《教师报》上分别发表论文《高中语文课堂的多与少》《高中学校实施整本书阅读的有效性研究》《群文阅读在高中语文阅读教学中的应用探讨》《提高高中语文阅读教学效益的方法研究》《冒险的收获》《语文德育在课堂》。

2018年7月，由苏维东校长担任主编的四本校本教材《小说品读》《鲁迅品读》《人物传记品读》《名家散文品读》正式出版发行。这四本校本教材体例科学、切块清晰、选文经典、题目设计规范、易于操作，是教师开展教学活动、学生开展学习活动的扶手和拐棍。

2018年1月，宁阳四中程国栋老师承担的《高中语文散文阅读能力培养研究》、王晓敏老师承担的《高中语文学生阅读能力培养初探》、程长春老师承担的《高中语文阅读听说能力培养研究》、郑贞老师承担的《高中语文阅读人物传记能力培养研究》4个市级课题顺利通过泰安市基础教育教学研究室验收。

张峰、王晓敏、李敏、宁风光、宁琳等老师获泰安市课程与教学工作先进个人、高考突出贡献奖，郝凤华、王晓敏、宁琳、刘朋丽、郭克霞、施红菊、郑红等老师多人多次获得泰安市优质课一等奖、创新课一等奖、一师一优课一等奖。宁琳老师获宁阳县教学先进个人，多次获得“语文报杯”“叶圣陶杯”优秀辅导教师奖。郝凤华、孙慧、徐刚、安娜等老师多次获得“语文报杯”“叶圣陶杯”“创新杯”等全国作文大赛优秀辅导教师奖。

四、研究成果不断获奖

一是山东省“十三五”课题顺利结题。2020年12月，宁阳四中由苏维东校长主持的省级课题“基于核心素养的高中语文课程体系建构研究”经山东省教育厅专家论证，顺利结题。

二是山东省教学研究成果评选获奖。2021年5月，山东省教育科学研究优秀成果公示，宁阳四中苏维东校长的论文《为人生幸福奠基——宁阳四中语文课程改革的实践探索》荣获山东省二等奖。

五、研究经验不断推广

(1)2016年6月，泰安市高中语文阅读教学改革现场会在宁阳四中召开。

宁阳四中做典型发言。

(2)2016 年 12 月，苏维东在山东省 2016"学校自主变革"论坛暨高中课程重构与教学创新研讨会上做典型发言。

(3)2017 年 1 月，苏维东在 2016 年"山东素质教育论坛"做典型发言。

(4)在宁阳县中小学语文大阅读教学现场启动会做经验介绍。

2018 年 9 月 19 日上午，宁阳县中小学语文大阅读教学现场启动会在宁阳四中召开。泰安市教研室侯成宾主任，宁阳县教体局教研室张晓乾主任、王营副主任、程骞副主任，教科室许兴亮主任莅临指导，各乡镇(街道)教育学区主任，全县高、初中校长、业务校长、语文教研组长，全县小学校长、语文教研组长及中心小学业务校长，特教中心业务校长，以及县教科研中心全体教研员参加了本次活动。宁阳四中苏维东校长做典型经验介绍。

(5)在第二届齐鲁名师名校长论坛上做典型发言。

2020 年 11 月 21 日，第二届齐鲁名师名校长论坛在潍坊举办。山东省教育厅、各市教育局、齐鲁师范学院有关领导，齐鲁名师名校长，全国知名专家，共计 500 余人参加了本次论坛。宁阳四中苏维东校长应大会邀请，做"基于学生核心素养的课程建构与教学创新"的典型发言。

在省课程专家李红婷、徐洁、侯成宾、王丽华、许兴亮等老师的指导下，经过多年的艰难实践，宁阳四中摸索出了一套行之有效的语文阅读方案。学校先后举办了市、县语文阅读改革现场会，两次在山东省素质教育论坛做典型发言。2019 年 4 月 2 日，"基于核心素养的高中语文课程重构与教学创新"项目成功入选 2019 年度山东省基础教育改革 40 个重点项目。

苏校长向与会代表介绍了宁阳四中课程构建的背景及意义、课程构建的内容及实施、课程构建的成果及影响，着重阐释了构建的富有学校特色的课程即"横向分类，纵向分层，专题推进，大小学时并行"的高中语文课程体系。

苏校长的发言引起了与会代表的广泛赞誉。大家一致认为，宁阳四中的语文课程改革很有远见，做法是实在的，措施是得力的，成效是显著的，为语文阅读教学提供了新的模式，闯出了新的路子，经验非常宝贵，做法值得推广。

(6)2021 年 7 月，宁阳四中程国栋老师在本真教育全国骨干教师教学素养提升高级研修班做报告。

(7)2021 年 7 月，山东省教育学会在荣成市海天大酒店举行"2021 年山东省基础教育教学优秀成果培育与推广研讨会"。来自山东 17 地市的教科研专家、校长、骨干教师 700 余人参加了本次会议。宁阳四中受邀在本次会议上做典型发言。

六、校际交流蔚然成风

济南市莱芜第一中学、济南市莱芜区凤城高级中学、聊城临清市第二中学、泰安市宁阳金桥高中、泰安市宁阳县第十二中学等学校多次来宁阳四中进行考察，交流语文阅读教学改革工作。

七、全科阅读形成氛围

语文阅读改革的成功，带动了其他学科阅读活动的开展。目前，学校英语、数学、政治、历史、地理等学科都围绕阅读展开阅读，学校形成了“全科阅读”的氛围。围绕阅读，学校已经编订了《泰山览胜》《周公嘉禾》《榜样》《就是那一只蟋蟀》《学科素养与前沿初探》《学科发展与名人略读》等校本教材。

八、新闻媒体特色介绍

2020 年 3 月，《中学生》杂志封三以《宁阳四中：全面提升学生语文核心素养》为题，介绍了宁阳四中开展的特色活动。

2021 年 12 月 14 日，《中国教育报》以《让雏鸟在“大语文”时代的天空中翱翔——山东省泰安市宁阳四中语文教学改革的探索》为题，全面介绍了宁阳四中在语文课程构建和阅读教学创新方面的探索经验，宁阳四中的整体阅读改革在更高层次上、在更广的范围内得到了认可。

多年来，宁阳县电视台、泰安市教育电视台、《泰安晚报》等媒体多次报道宁阳四中的语文阅读改革情况。

第二章　“四段式·六化式”课内外阅读任务群设计研究理念

进行高中语文阅读教学改革，必须坚决贯彻党的教育方针，必须严格遵循普通高中语文课程标准，阅读教学理念必须具有先进性、前瞻性、有效性、创新性。

在进行“高中语文‘四段式·六化式’课内外阅读任务群设计研究”的过程中，我们按照课程标准的要求，遵循科学的阅读教学理念，探索实用的阅读教学模式，让教师的“教”和学生的“学”在正确的轨道上运行；教师教得更务实，更高效；学生读得更广泛，更深入；让语文回归本真，让学生激情飞扬，真正地为学生幸福人生奠基。

第一节　课程标准对任务群设计的基本要求

工具性与人文性的统一，是语文课程的基本特点，是我们开展任何语文活动必须遵循的原则；设计语文任务群，必须符合课程标准的基本性质。

一、工具性和人文性统一与学科育人化

自从著名语文教育家叶圣陶先生提出“语文是工具，是人生日用不可缺少的工具”的观点后，就一直影响着中国的语文教育。中华人民共和国教育部1963年制订的《全日制中学语文教学大纲（草案）》指出：“语文是学好各门知识和从事各种工作的基本工具。”1978年、1986年、1990年、1992年的大纲继承了1963年大纲的语文性质观，确认了语文的“基本工具”“基础工具”特征。1996年

的大纲认为“语文是最重要的交际工具，也是最重要的文化载体”。2001 年制订并颁布的《全日制义务教育语文课程标准（实验稿）》指出：“语文是最重要的交际工具，是人类文化的重要组成部分。”《普通高中语文课程标准（2017 年版 2020 年修订）》①（以下简称《新课标》）对“语文”的性质做了进一步的凝练：“语文课程是一门学习祖国语言文字运用的综合性、实践性课程。工具性与人文性的统一，是语文课程的基本特点。”这个概括最突出的特征是，把语文课程定性为工具性与人文性的统一。这是我们开展任何语文活动必须遵循的原则。

我们进行的“高中语文‘四段式·六化式’课内外阅读任务群设计研究”是对国家课程的校本化研究。从最初的“基于核心素养的高中语文课程体系建构研究”到后来的“基于核心素养的高中语文课程构建与教学创新”，在语文阅读教学目标的设定上，在课内语文阅读教学模式的探索上，在课外语文阅读实践活动的设计上，始终坚持促进人全面协调发展的“以人为本”的理念，坚持语文的工具性和人文性的统一。

（一）工具性与学科育人化

叶圣陶先生说：“什么叫语文？语文就是语言，就是平常说的话。嘴里说的话叫口头语言，写到纸面上的叫书面语言。语就是口头语言，文就是书面语言。把口头语言和书面语言连在一起说，就叫语文。”②语言文字是人类最重要的交际工具和信息载体，语言文字运用包括生活、工作和学习中的听、说、读、写活动以及文学活动，存在于人类社会的各个领域。普通高中阶段的语文课程，应使全体学生在义务教育的基础上进一步提升语文素养，能在生活、学习和工作中正确、熟练、有效地运用祖国语言文字。

可是，在现在的语文教学中，尤其是高中的语文教学中，或者满堂灌，把专家的观点强加给学生，学生没有表达观点的机会；或者搞题海战术，试图通过大量的训练提高学生的成绩，以致学生沦为做题的机器；或者是“哑巴”语文，课堂上、校园里，听不到一点读书声。凡此种种，让语文失去了美感，让阅读变成了负担，让语文课堂成了学生最讨厌的课堂。在这样的状况下，怎么才能提升学生的听、说、读、写能力？怎么才能提升学生的语文素养？

---

① 参见《教育部关于印发〈普通高中课程方案和语文等学科课程标准〉（2017 年版 2020 年修订）的通知》附件，中华人民共和国教育部网站，2020 年 5 月 11 日，www.moe.gov.cn/srcsite/A26/s8001/202006/t20200603_462199.html。

② 叶圣陶：《叶圣陶语文教育论集》，教育科学出版社 1980 年版，第 138 页。

为了改变高中学生在语文阅读方面存在的问题，我们构建了演说化、辩论化、表演化、采风化、吟诵化、成果化“六化式”课外阅读实践活动模式。

演说化指在校园里形成演讲的氛围，包括每天一次的课前演讲、每周一次的班会演讲、每学期两次的校园演说家活动。

辩论化是指为了提高学生的口头语言表达能力和临场应变能力而开展的系列辩论赛活动，包括班级辩论赛、年级辩论赛、校级辩论赛，人人参与，层层选拔。

表演化包括四个方面：一是让学生当编剧，改编课本；二是让学生当导演，把控表演流程；三是让学生当剧务，准备各种道具；四是让学生当演员，细心揣摩角色心理。

采风化是随着我国农村城镇化进程的加快，古老的村落在记忆中不断模糊，淳朴的乡音在生活中渐渐消逝，善良的乡情在现实中渐渐冷漠，为了让同学们记住乡村，会说乡音，珍惜乡情，课题组设计了“逝去的乡村，永恒的记忆”系列语文阅读实践活动，在每年的国庆节，让学生走进乡村，了解村史，拍摄视频，抒写感受。

吟诵化是指学校每学期举办校园朗读者、校园诗词大会、现代诗歌朗诵会等语文阅读实践活动，让学生在诵读中品味语言，体味人生。

成果化即学校每学期举办学生论坛，出版学生作品集，将学生的阅读感受成果化。

校园演讲，声情并茂，提高了学生口头语言表达能力；辩论大赛，思维碰撞，提升学生临场应变能力；话剧表演，倾情投入，加深学生对文本的深刻领悟；校园朗读者，为爱发声，激发了学生对优秀传统文化的热爱；圣地游学，身临其境，增强了学生对家乡的热爱。让学生读，让学生写，让学生评，让学生设计活动，让学生拍摄视频，真正地把语文的工具性落到实处。

最能体现以“学生为主体”的理念的是校园演讲系列活动。宁阳四中的校园演讲系列活动主要有课前5分钟演讲和校园演说家活动，其他还有跑操后的即时演讲、班会课上的励志演讲等（见表2-1）。

表2-1 宁阳四中校园演讲系列活动

	演讲形式			
	课前演讲	校园演讲	跑操后演讲	班会演讲
演讲时间	5分钟	10分钟	5分钟	10分钟

续表

	演讲形式			
	课前演讲	校园演讲	跑操后演讲	班会演讲
演讲地点	教室	校园	操场	教室
演讲次数	周一到周五每天	每学期两次	周一到周五每天	每周一次
演讲内容	话题序列化	时事热点	学习方法、经验交流	励志故事
演讲评价	学生点评 教师指导	现场效果 视频质量	年级打分	班主任打分

每天语文课课前5分钟，组织学生进行演讲。天天坚持，从不间断。演讲话题形成序列，从高一、高二到高三，难度逐渐加大。这个演讲活动侧重于学生的广泛参与，让每个学生在高中三年都有大约十次的演讲机会。针对学生在演讲中的表现，教师做到及时评价，跟上指导，使得学生的演讲水平不断提高。

每学期进行四次“校园演说家”活动。班级推荐，年级选拔。选拔出来的学生根据统一命制的题目，自己设计海报，自己选定地点，在校园内进行演讲。这个演讲活动主要是给那些有演讲天分的同学搭建舞台，培养他们在公共场合演讲的能力。评价这种演讲的标准是看哪位同学聚集的听众多，哪位同学获得的掌声响。

叶圣陶先生说：“语言是一种工具。工具是用来达到某个目的的。工具不是目的。比如锯子、刨子、凿子是工具，是用来做桌子一类东西的。我们说语言是一种工具，就个人说，是想心思的工具，是表达思想的工具；就人与人之间说，是交际和交流思想的工具。”[①]语文就是用来说的，就是用来写的，就是用来交流的。只有真正地把语文的工具性特征落到实处，才能真正实现语文学科的育人目标。

(二)人文性与学科育人化

《新课标》对普通高中语文课程目标的总体要求是：“学生通过阅读与鉴赏、表达与交流、梳理与探究等语文学习活动，在语言建构与运用、思维发展与提升、审美鉴赏与创造、文化传承与理解几个方面都获得进一步的发展；坚定文化自信，自觉弘扬社会主义核心价值观，树立积极向上的人生理想，为全面发展和终生发展奠定基础。”这个表述从路径、内容、结果等方面对课程目标进行了整

① 叶圣陶：《认真学语文》，刘国正主编：《叶圣陶教育文集》(3)，人民教育出版社1994年版，第183页。

体界定，中心明确，要素清晰，重点突出。课程目标紧紧围绕语文学科核心素养制定，其最终目的客观体现了学习者的全面发展和学习者的个体差异。

课程目标的目的是人的全面发展，因此，《新课标》在课程性质的表述中不仅界定了课程的工具性，也界定了课程的人文性。语言文字不仅是人类最重要的交际工具和信息载体，也是人类文化的重要组成部分。语文课程是一门学习语言文字运用的综合性课程，普通高中阶段的课程，应使全体学习者形成良好的思想道德修养和科学人文修养，为终身学习和个性发展奠定基础，为传承和发展中华文化、增强民族凝聚力和创造力发挥应有的作用。

高中学生由于面临升学的压力，急功近利和实用主义思想更为严重，在高考升学考试指挥棒的指挥下，学生陷入了语文训练的“题海”中，枯燥的题目让学生变得越来越机械，语文离人文越来越远。

于漪老师认为：“‘教文’是手段，是过程，‘育人’才是语文教学的根本目的。那种认为教‘文’是语文教学的硬任务，‘育人’不过是招牌或幌子，是可有可无的软任务的看法，是很不足取的。教师如果只见‘文’，不见‘人’，充其量只在鸡虫得失上兜圈子，很难真正成为学生成长的导师。”[①]在这句话里，于漪老师对人师作为教师的本质要求加以肯定。于漪老师始终把培养学生的精神品格作为教育的首要目标，她认为，育人或培养人首先是使学生成为一个知善恶、明是非、有理想、有正义感的人，懂做人的道理，而不只是具有一定知识和技能的人，她坚定地主张：“学校教育就是要引导学生创造有价值的人生；要创造有价值的人生，首先要让心灵辉煌起来。”[②]

高中阶段，是学生人生观、价值观、世界观形成的关键时期，必须重视语文学科的人文性。

首先，我们要通过高中阶段的阅读，培养学生对生活的热爱和健康丰富的情感。教育的核心是人，教育的根本目的是培养人的和谐发展。人的发展，第一要素是有积极的生活态度。语文作为教育的支柱性课程，必须承担这样的义务。所谓培养积极的生活态度，就是通过大量的阅读和具体的语文实践活动，让学生懂得：面对生活的不幸和苦难，不颓废，不放弃，要具有顽强拼搏的意志；面对人情的冷漠和麻木，不消极，不绝望，要具有阳光向善的心态。就像顾城的诗歌《一代人》中写的：“黑夜给了我黑色的眼睛，我却用它寻找光明！”这样的人，才会格外懂得珍惜眼前美好的生活，才会努力创造更加辉煌的未来。

① 于漪：《于漪文集》第1卷《教育教学论》，山东教育出版社2001年版，第149页。

② 于漪著，兰保民编：《教育的姿态》，山西教育出版社2014年版，第327页。

除了培养学生对生活的热爱之外，还要让学生学会同情、怜悯，懂得感激和报答，知道尊重和崇敬，这是做人的教育，也是语文教学本身应有的内涵。

我们在进行"高中语文'四段式·六化式'课内外阅读任务群设计研究"的过程中，组织学生进行整本书的阅读，编辑了一本《小说品读》的校本教材，很受学生欢迎。这本教材分六个单元：

第一单元：非凡人生　从《人生》开始——《人生》导读。

第二单元：历史的风云　英雄的时代——《三国演义》导读。

第三单元：平凡的世界　不平凡的人生——《平凡的世界》导读。

第四单元：倔强的生命　不屈的灵魂——《活着》导读。

第五单元：走不出的《围城》　走不完的人生——《围城》导读。

第六单元：多情的侠客　无情的江湖——《笑傲江湖》导读。

这六本书侧重讲解不同的问题：一是漫长的人生，应该怎样走好第一步；二是应该树立怎样的人生观、价值观、世界观；三是什么样的人物是我们应该崇拜的；四是面对无数的困难，如何克服；五是面对复杂的社会，如何适应。这六本书，不是板起脸来训人，它们像一位父亲，一位兄长，一位朋友，娓娓道来，饶有兴趣，让学生如沐春风，醍醐灌顶，心中有说不出的愉悦。

不少老师认为，读金庸的武侠小说是浪费时间，耽误功夫，是不学无术，不走正道。但我看来，金庸的武侠小说既具有极高的文学价值，又具有极高的思想价值。读他的小说，学生不仅能感受到中华传统文化的博大精深，更能培养健全的人格、高尚的情操。从郭靖的身上，学生能明白，为国为民，侠之大者；从乔峰的身上，学生能懂得，义字当头，义比命大。独孤求败，让学生懂得什么才是真正的高手；九阴真经，让学生知道什么才是真正的绝学。杨过的人生，让学生懂得，人可以犯错，但是知错能改，善莫大焉；林平之的悲剧，让学生明白，仇恨可以泯灭人性，功名可以分裂精神。无情的江湖，多情的剑客，复杂的世界，残酷的现实。所以，我们坚持把《笑傲江湖》推荐给学生。

其次，我们要通过高中阶段的阅读，培养学生独立的人格意识和良好的审美的趣味。《新课标》在谈到"以核心素养为本，推进语文课程深层次的改革"的理念时，是这样表述的："语言文字运用和思维密切相关，语文教育必须同时促进学生思维能力的发展与思维品质的提升；语文教育也是提高审美素养的重要途径。要让学生在语言文字运用的学习中受到美的熏陶，培养自觉的审美意识和高尚的审美情趣，培养审美感知和创造表现的能力。"语文课程的人文性，就是要借助大量的阅读，帮助学生建立起他们的精神家园。"腹有诗书气自华"，这种气质应该是独立的人格，应该是自由的思想，应该是质疑的精神，应该是一身的傲骨，应该是磊落的胸襟，应该是高雅的情趣，应该是冲天的豪气。

我们在进行“高中语文‘四段式·六化式’课内外阅读任务群设计研究”的过程中，设计了“学生论坛”这样的活动，就是鼓励学生在进行了大量的阅读后，对古典名著，对专家论述，通过逆向思维、批判性思维，大胆质疑，创新思考。“尽信书，不如无书。”“吾爱吾师，吾更爱真理。”经过一段时间的训练，学生至少有了自己的想法，至少有了敢于发表自己观点的勇气。

更可喜的是，学生通过大量的阅读，懂得了什么是美，什么是丑，什么样的人物该崇拜，什么样的现象该鞭挞，品味越来越高雅，趣味越来越高级，审美能力不断提高。

最后，我们要通过高中阶段的阅读，培养学生对母语和民族文化的热爱。《新课标》在谈到语文课程性质时，有这样的表述：“语文课程是一门学习祖国语言文字运用的综合性、实践性课程。……把握祖国语言文字的特点和运用规律，加深对祖国语言文字的理解与热爱，培养运用祖国语言文字的能力……为传承和发展中华文化、增强民族凝聚力和创造力发挥独特的功能，为培养德智体美劳全面发展的社会主义建设者和接班人发挥应有的作用。”一个民族的母语，是一个民族智慧的结晶，是一个民族的精神印记，也是一个民族文化的载体。母语的传承和民族文化的传承几乎是完全同步的。语文课程承担着母语传承的重任，也就同时必然地要肩负起民族文化传承的重任。

我们进行“高中语文‘四段式·六化式’课内外阅读任务群设计”研究，就是通过大量的语文阅读实践活动，让学生在真实的情境中感受祖国语言的魅力，接受精神的洗礼和引领，从而加深对祖国文化的认同和热爱。例如，我们设计的“校园诗词大会”活动，目的就是“唤醒诗词记忆，传承中华文化，提高个人修养”。所选比赛题目范围广泛，内容丰富，既有课内名篇名句，又有课外名篇的拓展，兼顾了文化常识的考察与普及。校园诗词大会共分团体赛和个人风采赛两个阶段。团体赛进行三轮，第一轮 24 个班捉对比赛，淘汰 12 个队，晋级的 12 个队再抽签选择对手进行比赛，获胜的 6 个队进入下一轮。最后 6 个队抽签决定对手，决出一等奖、二等奖。进入最后一轮的 18 名同学依据最后一轮的成绩，选出 9 名同学参加个人风采赛。个人风采赛采用飞花令的形式，逐一淘汰。第一名将获得宁阳四中校园诗词大会“诗王”称号。这样的活动，学生参与面广，热情高，在准备的过程中，他们背诵了大量的古诗词，在无声无息中，美的意象走进了学生的心里，美的语言写尽了学生的文章，学生喜欢上了古诗词，喜欢上了传统文化，增强了民族文化自信。

二、情境化学习建构与学习任务群

(一)学习任务群与核心素养的生成

2018年1月，《普通高中语文课程标准(2017年版)》正式颁布，它首次以“学习任务群”的形式规定了高中语文课程的基本内容。《新课标》对“任务群”做了更明确的阐释：“‘语文学习任务群’以任务为导向，以学习项目为载体，整合学习情境、学习内容、学习方法和学习资源，引导学生在运用语言的过程中提升语文素养。若干学习项目组成学习任务群。学习任务所涉及的语言学习素材与运用范例、语文实践的话题与情境、语体与文体等，覆盖历来语文课程所包含的古今‘实用类’‘文学类’‘论述类’等基本语篇类型。”

《新课标》修订组组长王宁教授这样解释“学习任务群”：“学习任务群是在真实情境下，确定与语文核心素养生成、发展、提升相关的人文主题，组织学习资源，设计多样的学习任务，让学生通过阅读与鉴赏、表达与交流、梳理与探究的自主活动，自己去体验环境，完成任务，发展个性，增长思维能力，形成理解、应用系统。学习任务群有助于加固实践取向的语文课程链条，具体包括学习观念、学习方法、学习内容、学习评价等。从这个意义上说，学习任务群不是一个靓丽的新概念，也不单纯是一种学习内容的组合方式，而是融合语文课程诸要素、落实语言实践活动的载体，是建构新的语文课程体系、培养学生核心素养的突破口。这种有人文主题的任务群，是在学校课程总体设计和实施的环境下由学校和教师组织并有计划地引导完成的。它与过去的教学模式有内在的区别——课程有文本，但不以文本为纲；有知识，但不求知识的系统与完备；有训练，但不把训练当作纯技巧进行分解训练。”

高中语文核心素养——“语言建构与运用”“思维发展与提升”“审美鉴赏与创造”“文化传承与理解”是在具体的语境中，是在大的社会环境中，通过听、说、读、写等方式，积极参与语文课内外实践活动形成的。“任务”是学生在语文学习过程中为达成课程目标在多样的语言运用情境中开展的言语实践活动。每个任务就是一个学习项目，同一主题、互相联结的多个学习项目有机融合在一起就构成任务群。因此，基于任务群的学习实际上是一种以与学生语文核心素养的生成、发展、提升相关的人文主题为统领，以项目学习为基础，整合学习情境、学习内容、学习方法、学习资源，以自主、合作、探究的学习为主要方式的言语实践活动。

从2013年开始，我们积极探索改变阅读现状、激发学生读书热情的方式，我们对国家课程进行了校本化整合，设计了十二个专题：演讲美丽人生，点评净化心灵；评今之大事，扬浩然正气；品读文学剧本，演创经典剧本；读现当代小说，品鉴人物形象；品读名家散文，享受文化盛宴；走近唐诗宋词，领略诗词魅力；品读人物传记，感受伟人魅力；走进鲁迅作品，领略文人风骨；读名著，品三国；读《论语》，诵《诗经》；诵读《红楼梦》，体会百味人生；逝去的乡村，永恒的精神。这十二个专题以教材为依托，以"活动"为主线，强化文本意识，突出名家作品，紧扣时代脉搏，重视传统文化。这十二个专题贴近学生心理实际，符合学生阅读口味，活动设计新颖，评价方式科学，极大地调动了学生的阅读兴趣，激发了学生的阅读热情，学校阅读氛围越来越浓厚。

例如，针对现行的语文教材中鲁迅的文章越来越少的问题，我们设计了"走进鲁迅作品，领略文人风骨"的专题活动，让学生多读点鲁迅的作品，领略一下文人的风骨。

鲁迅的作品当然有它的局限性，但是，现在，鲁迅作品却有它存在的必要。那些麻木的民众，难道不应该读读《中国人失掉自信力了吗》？那些见死不救的看客们，难道不应该读读《一件小事》吗？面对我们的下一代，我们是不是也应该像鲁迅在《狂人日记》中说的："救救孩子，救救孩子！"面对那些打着帮助我们的幌子而我们又认不清他们本质的国家，我们是不是应该再读读鲁迅的《"友邦惊诧"论》？在《呐喊·自序》中，鲁迅解释的弃医从文的原因，难道不是生动的爱国主义教育素材吗？在《药》中，鲁迅给我们描写的看客心态，不值得今天的我们警醒吗？其实，鲁迅很温柔，他说："无情未必真豪杰，怜子如何不丈夫。"其实，鲁迅感情很丰富，他说："横眉冷对千夫指，俯首甘为孺子牛。"其实，鲁迅生活得很艰难，他说："惯于长夜过春时，挈妇将雏鬓有丝。"但是，他始终不放弃，"血沃中原肥劲草，寒凝大地发春华"。他始终心忧天下，"心事浩茫连广宇，于无声处听惊雷"。鲁迅是真豪杰，是伟丈夫，是中国骨头最硬的人之一。

为此，我们编选了校本教材《鲁迅作品品读》。在这本教材里，我们对鲁迅的散文、小说、杂文、诗歌进行了整合，每一种类型精选了鲁迅的重要作品，设计了四个单元，这四个单元的主题分别是：第一单元，虫鱼鸟兽皆有情，师友亲朋俱是爱；第二单元，洞察世态炎凉，体恤民生多艰；第三单元，嬉笑怒骂皆成文章，苦辣酸甜都是人生；第四单元，字字肺腑心，浓浓忧国情。

通过这样的阅读，学生对鲁迅有了更直观、更立体、更全面的认识。在这个过程中，学生的语言表达能力得到了提高，思维的层次得到了上升。

应该说，我们最初设计的十二个专题和《新课标》的“学习任务群”不谋而合。在实践的过程中，我们不断完善，最终将我们的研究内容定义为“高中语文‘四段式·六化式’课内外阅读任务群设计研究”。

(二)学习任务群与教与学的转变

吕叔湘先生认为，要逐渐培养学生主动学习的能力，“就是给他一把钥匙，他拿了这个钥匙，能够自己开箱子，开门，到处去找东西。你不给他这个钥匙，那有多少宝贝他也没有法子拿到手”[①]。吕先生十分清楚地告诉我们，语文阅读教学，要培养学生主动阅读的能力，要教给学生科学阅读的方法。

《新课标》是这样解读学习方式的：“学习任务群以自主、合作、探究性学习为主要学习方式，凸显学生学习语文的根本途径。这些学习任务群追求语言、知识、技能和思想情感、文化修养等多方面、多层次目标发展的综合效应，而不是学科知识逐点解析、学科技能逐项训练的简单线性排列和连接。学习任务群的设计，旨在引领高中语文教学的改革，力求改变教师大量讲解分析的教学模式。”

在《语文学习任务群的“是”与“非”》一文中，王宁教授说：“教师是目标的确定者，是任务的设计者，是过程的推动者。”[②]

这些观点，明确界定了在学习任务群中教师和学生的不同定位，不同角色。学习任务群以自主学习、合作学习、探究学习为主要学习方式，凸显学生学习语文的根本途径，引领高中语文教学的改革，力求避免教师陷入大量讲解分析的教学模式中。学习任务群的学习，当然离不了教师的引领、点拨，教师必须要有更高的站位，要有比学生更深刻的思想，要有比学生更精彩的语言，这样才能引导学生走向深度阅读和深度写作。但是，仅仅这样做还是不够的，最主要的还是要充分发挥学生的积极性，把课堂还给学生，把阅读还给学生。

我们的高中语文阅读课堂，却不是这样，老师们情绪很激昂，热情很高涨，教姿很大方，术语很规范，语言很流畅，分析很全面。更多的时候，老师不等学生反应，不等学生思考，就把答案说出来了。更多的时候，老师没让学生讨论，

---

① 吕淑湘：《关于中学语文教学的种种问题》，李行健等编：《吕叔湘论语文教育》，河南教育出版社1995年版，第64页。

② 《语文建设》编辑部：《语文学习任务群的“是”与“非”——北京师范大学王宁教授访谈》，《语文建设》2019年第1期。

没让学生交流，就把结论展示出来了。于是，“是不是啊”就成了老师们的流行语，“对不对啊”就成了老师们的口头禅；说白了，就是把课堂当成了自己表演的舞台，把学生当成了观看表演的对象。可是学生呢？要么无所事事，要么心不在焉，要么无精打采，要么恹恹欲睡，这样的状态下，他们能有什么收获呢？他们又怎会不厌烦呢？

好的语文课堂，不是老师在硬塞，而是学生主动索要。老师们总在担心，害怕有哪一个知识点讲不到，学生考到的时候不会。因此，要边边角角都讲透，面面俱到不遗漏。天天如此，年年如此，但学生该会的会了，不会的还是不会。所以，课文多讲一篇，少讲一篇，不是最主要的问题；知识点多讲一个，少讲一个，也影响不大。最关键的是，要把课堂还给学生，要让学生成为课堂的主角，要让学生主动读书，主动思考，主动讨论，主动展示，就像吕叔湘先生说的“上课的时候就应该以学生活动为主，教师的活动应该压缩到最低限度”①。一堂课，能少说就少说，能不讲就不讲，只要学生能学到东西，一句话不说也行。静等花开，千万不要拔苗助长。只有这样，才能真正提高学生的语文素养。

我们进行“高中语文‘四段式·六化式’课内外阅读任务群设计”研究的过程中，构建了读—写—展—评“四段式”课内阅读模式。

读即通过默读、诵读、品读多种形式的阅读方式，让学生去了解体会作品的内容。默读时，要注意圈画重点词语，标注特殊句子，力求在很短的时间内把握文本的主题。诵读，要读出抑扬顿挫，读出高低起伏，通过诵读，感受作者情感的变化。品读就是更深层次的阅读，为什么要用这个词，换一个行不行；为什么设置这样一个情节，去掉可不可以；等等，都需要深入的思考。我们在学校层面上进行的演讲比赛、诗歌朗诵比赛，就是为了搭建舞台，让学生展示自己“读”的能力。

写即针对自己最感兴趣的一个角度进行鉴赏、评价，表达自己的观点、态度。

展即在小组内、全班内、年级组织的讲坛上进行展示交流，进行思想碰撞。我们设计了学生论坛活动，就是让学生展示自己的阅读成果。学生自己撰写讲稿，自己设计课件，登上舞台展示。比如，学生在读完《三国演义》后，我们组织了学生论坛活动，不少同学选择的角度新颖，收集的资料翔实，制作的课件精美，讲述的过程生动。可以毫不夸张地说，参加一次学生论坛，比他们上几节语

① 吕淑湘：《关于语文教学问题》，李行健等编：《吕淑湘论语文教育》，河南教育出版社 1995 年版，第 27 页。

文课的收获都要大。

评即点评学生的作品，学生互相评价，教师评价指导，从而提高学生对文本阅读理解的层次。

读—写—展—评“四段式”课内阅读模式充分体现了以“学生为主体”的教学理念，充分发挥了学生的主动性、积极性，课堂成为学生的主阵地，学生成为课堂的主要演员，在任务群实施中，学生的“语言建构与运用”“思维发展与提升”“审美鉴赏与创造”“文化传承与理解”的素养得到了极大的提升。

第二节 “四段式·六化式”课内外阅读任务群的设计理念

设计“四段式·六化式”课内外阅读任务群，必须始终以学生为中心，从学生的阅读实际出发，坚持为学生幸福人生奠基的理念，坚持整本书阅读的理念，坚持以活动为主的理念，坚持真语文的理念，坚持创新教学的理念，真正把学生的主体地位落到实处。

一、坚持为学生幸福人生奠基的理念

朱永新在《阅读改变我们的一切》一文中说：“一个人的精神发育史就是阅读史。”他还说：“没有阅读就不可能有个体的心灵成长，就不可能有精神的发育，阅读不能改变人生的长度，因为人的生命长度有基因、保健等各种元素，但可以改变人生的宽度和厚度。阅读不能改变我们的长相，但可以改变人的品位和气象。有些人相貌普普通通，但是‘听君一席话，胜读十年书’，你觉得他很厚重，他可以给你很多智慧。人的相貌基于遗传无法改变，但是人的精神可以通过阅读而从容气象万千。人的阅读，对个体的精神成长是非常重要的。”①

《新课标》在介绍高中语文课程性质时，这样说：“普通高中语文课程，应使全体学生在义务教育的基础上，进一步提高语文素养，形成良好的思想道德修养和科学人文素养，为终身学习和全面而有个性的发展奠定基础。”由此可见，阅读对于学生的一生发展起着多么重要的作用。

进行高中语文阅读教学改革，必须坚持以学生为本的理念，必须坚持为学生幸福人生奠基的理念。进入高中阶段，学生虽然有了一定的阅读量，但客观地说，学生读的书还不够系统，还不够丰富，还不够深刻。而高中阶段学生还处在人生观、世界观、价值观形成的关键时期，这个时候，学生读什么书，怎样去读

① 朱永新:《我的阅读观》，中国人民大学出版社2012年版，第2页。

书，不仅对高中三年的学习起着重要的作用，更对他们的人生起着至关重要的作用。教师在给学生选择阅读书目时，要站得高，看得远，选的书籍能够开阔学生的视野，能够陶冶学生的情操，能够净化学生的心灵。教师组织的活动，要有时代性，要有实用性，能让学生终身受益。

然而，在当前的语文阅读教学中，很多老师还是急功近利，还是目光短浅，采用"短平快"的战术，怎样能在最短的时间内提高学生的成绩，他们就怎样做。许多老师从高一开始，就在语文课堂上放弃阅读，搞题海战术，进行大量的训练，美其名曰"高考前置化""语文理科化""赢在起跑线上"。这样的做法，在短时间内，可能会起到一点作用，但从长远来看，对学生的伤害无法估量。

首先，大量的语文试题破坏了语文的美感，不利于学生审美的鉴赏与创造。老师们为了所谓的提升学生的能力，必然会将学生引入自己的预设情境：在老师们挖空心思设计的一个个"埋伏"里，一首又一首的唐诗宋词被过度解读，面目全非；在老师们绞尽脑汁策划的一场场"闹剧"里，一篇又一篇的经典美文被大卸八块，惨不忍睹。"明月松间照，清泉石上流"，多么美的语言，可是老师们为了训练学生的翻译能力，非要学生用现代汉语翻译出来，那得多煞风景啊！孙犁先生的《荷花淀》中"月下话别"一节，生活气息那么浓，很有感染力，老师们担心学生理解不到位，非得再设计几个如"'端饭'这个细节你是如何理解的？问完了儿子和父亲，水生为什么'笑了一下'？"之类的问题让学生往深处挖掘，是不是多此一举？长期生活在做题环境下的学生，哪里还有一点阅读的欲望？哪里还有一点审美的情趣？哪里还有一点创造的心思？

其次，大量的语文试题缩小了语文的空间，不利于学生思维的形成与发展。语文本身是"言有尽而意无穷"的，语文的答案应该是丰富多彩的，应该是"公说公有理，婆说婆有理"，应该是"一千个读者有一千个哈姆雷特"，只要能够自圆其说，说出自己的想法，讲出自己的道理，就够了。可是，为了提高学生的成绩，老师们总结了一个又一个的做题方法，设计了一个又一个的答题模板。在这种形式下，学生们在课堂上回答问题总是同样的术语、同样的答案，作文中总是同样的思路、同样的材料，甚至是同样的假话、空话和套话。而有些题诸如社科类的阅读题，学生越做越糊涂，练得越多错得越多，对语文越来越没信心。题目的指向性越来越明确，学生的思路越走越狭窄，慢慢地就走进了死胡同，还怎么提高自己的思维品质？还怎么发展自己的思维能力？例如，2017 年浙江高考语文阅读题《一种美味》就因为问题问得太难，而被浙江省 29 万高考考生吐槽。该文作者巩高峰对于自己的文章也只能"阅读"而无法"理解"，"标准答案没出来，我怎么知道我想表达什么，我怎么知道结尾有什么意义？”一个连作者都不敢回答的阅读题，学生能答成什么样呢？

因此，想通过大量的训练来提高学生的成绩，只能是事倍功半，一定要让高一、高二的学生多读书，不做或少做题目。

在进行“高中语文‘四段式·六化式’课内外阅读任务群设计研究”的过程中，我们设计了很多活动，都是着眼于学生的长远发展，着眼于为学生的幸福人生奠基。

例如，校园演说家活动。五四运动时期，大批爱国人士、青年学生走上街头，宣传爱国思想，他们慷慨陈词，激情演讲，听众无不为之动容，无不为之感召。受此启发，我们设计了“校园演说家”活动。学生自己设计海报，自己撰写讲稿，根据学校的统一安排，在学生聚集的地方进行演讲。他们站在自己搭建的舞台中央，周围是来自各个年级的老师和学生。如果没有一定的胆量，是不敢在这样的场合演讲的；如果准备不够充分，中间一定会卡壳的；如果演讲没有感染力，学生会听不下去很快就会走开的。学生经过这样的锻炼后，将来走向社会，无论是应对各种面试，还是进行各种竞选，都会毫不畏惧，从容不迫，侃侃而谈。

再如，辩论大赛。我们一般分为四个阶段：第一阶段，班级内选拔，全员参与；第二阶段，相邻班级之间展开对抗，选出 4 名同学参加年级复赛；第三阶段，进入复赛的 52 名同学采用现场抽题、限时答题的方式展开新一轮比赛，前10 名同学进入决赛；第四阶段，选出的 10 名同学自由组合，合理搭配，分成两个队，进行学校层面的决赛。在决赛中，经过层层选拔出来的辩手，思维活跃，反应敏捷，口齿伶俐，唇枪舌剑，台风大方，风度翩翩。经受了这样的锻炼，在未来的商业谈判中，在未来的外交战线中，他们一定会据理力争，谈笑风生，举重若轻。

二、坚持整本书阅读的理念

1923 年，由叶圣陶先生起草并经委员会复订的《初级中学国语课程纲要》就提出：国语教育的内容不仅包括“取材偏重近代名著”的“精读选文”，也包括“略读整本的名著”。1941 年，在《论中学国文课程标准的修订》中，叶先生第一次明确提出要阅读整本书：“把整本书作主体，把单篇短章作辅佐。”叶先生之所以在不同文章中屡次强调国学教育中的课外阅读，读整本书的重要性，是因为他认为学习语文的目的是“对本国文字的阅读与写作教养，即养成阅读能力和写作能力。对于阅读能力的培养，非课外多看书籍不可”。

《新课标》更是将“整本书阅读与研讨”置于18个学习任务群之首，可见，整本书阅读对于学生核心素养的提升起了关键性作用。阅读整本书不仅可以使学生扩大阅读面，应用课堂上学习的阅读方法，能够养成良好的阅读习惯；还可以帮助学生扩大知识面，发展语言能力，提升思维能力，提升精神境界。

进行高中语文阅读教学改革，必须坚持整本书阅读与研讨的理念。我们在进行“高中语文‘四段式·六化式’课内外阅读任务群设计研究”的过程中，将“整本书阅读”放在突出地位，进行了一些有益的探索，取得了一些成绩。下面是我们的一些成功的做法。

（一）阅读时间的保障

统编版高中语文的“名著导读”只要求学生读费孝通的《乡土中国》和《红楼梦》两部书。我们设计的“整本书阅读”，结合学生实际，进行了校本化设计，要求学生读《人生》《三国演义》《平凡的世界》《活着》《围城》《笑傲江湖》六部书。这么大的阅读量，如果没有时间的保障，根本不可能完成。因此，宁阳四中每周二安排两节连排课，让学生阅读。宁阳四中是寄宿制学校，学生每两周回家一次，不回家的那周的周六，学校安排一下午的时间让学生阅读。

这么多时间用来阅读，很多班主任不理解，不支持，甚至有个别语文老师也在统一安排的阅读时间，偷偷摸摸让学生做题、讲题。因此，一方面，学校用制度的形式把阅读时间的安排写入学校工作计划，自上而下，强力推行。规定的阅读时间段安排分管校级领导、年级主任和学科负责人共同检查，凡是不按照要求让学生进行阅读的，一律通报批评。另一方面，我们反复给老师做工作，要求老师必须更新观念。如果还是像过去一样，老师们大包大揽，基础知识讲解到边到沿，技巧方法总结条分缕析，督促学习白天加黑夜，考查落实周考加月考，学生的时间被占得满满的，学生的脑壳被挤得满满的，学生成了一个装东西的口袋，那么学生的兴趣如何激发？学生的素养如何提高？经过一段时间的调整，最终学生的阅读时间有了保障。学生在高中三年内，除了读完学校要求的六本书外，还读了大量的美文、时文。

（二）阅读方法的引领

温儒敏先生说：“学生读书，不要管得太死，宁可实行目标管理，开头有个提示和引导，结尾布置一点小结之类，那就很好了。”[①]的确如此，通过观察，我们发现越是没有阅读任务的阅读，学生心里越放松，读得越轻松，收获越大。当然，必要的读书要求和方法会事半功倍，还是需要指导的。

第一，我们要求学生准备三个本子：摘抄本，梳理本，心得本。

摘抄本，就是在看书的过程中，及时将自己感兴趣的好的词、好的句子、好的段落、好的素材摘抄下来用的本子。“好记性不如烂笔头”，识记是前提，是基础，厚积才能薄发。教师不要规定摘抄的内容，因为每个学生的关注点不同，让学生随心所“抄”，否则，就会产生抵触情绪，敷衍了事。

梳理本，就是将看过的文章、书籍梳理整合并记录下来所用的本子，比如文章的结构、作品的背景、作者的其他作品、同一题目不同作者的作品等。“梳理”是一个加工提升的过程，属于研究性学习的范畴，教师可以布置题目，让学生查资料，问专家，写论文。往大一点说，梳理本所记内容属于学术范畴。

心得本，就是写自己心得体会所使用的本子。读了一本书，心灵受到的震撼，感情受到的触动，思想得到的启迪，境界得到的提升，都可以写在这个本子上，形式不拘一格，字数可多可少，属于私人空间，可以自说自话。

第二，教师必须指导学生采用阅读的方法。

比如，默读就需要给学生讲清楚什么样的文章需要默读，什么情况下需要默读，默读时应该怎样做，等等。

再如，浏览是整本书阅读时最常用的方法，一般在一本书开始前，我们先进行两节课的训练，具体来说，就是限时阅读。给学生 10 分钟的时间，让学生阅读，然后合上书本，凭记忆说出所读内容，开始的时候，学生说得比较少，慢慢地就会说得越来越多，也能抓住关键内容。

又如，精读就需要结合具体的文本给学生具体讲解。比如《人生》的最后一章“高加林被人举报，狼狈回家”，这是小说的高潮部分，也是小说的结局，需要精读。第一遍，要求学生用 10 分钟细读，读完后，合上书本，复述情节。第二遍，要求学生用 5 分钟跳读，读完后，说出这部分写了哪几个人物，说出给你印象最深的那个人说的那句话。第三遍，要求学生用 5 分钟跳读，读完后，思考这一问题：这部分有不少精彩的景物描写和细节描写，试用具体的例子说说他们对人物的塑造和情节的发展所起的作用。最后，设计几个题目，进行探究性研究：展开想象，以《5 年后的高加林》为题写一篇文章；以《面对人生的诱惑，我会

① 温儒敏：《立足“语文核心素养”，切实提升教学质量——在教育部举办部编小学语文教材（四五六年级）使用培训会上的讲话》，《语文建设》2019 年第 8、9 期。

像高加林一样吗?》为题写一篇读后感。

有了这个过程,他们再读其他整本书时,就有“迹”可循了。

(三)阅读活动的激发

读书毕竟是枯燥的、乏味的,如果能结合所读内容开展一些活动,会大大激发学生阅读的兴趣和热情。比如学生读《三国演义》时,我们举办“逐鹿天下,煮酒论英雄”《三国演义》读书分享会,给学生搭建平台,让学生畅谈读书体会;围绕“三国演义中曹操是英雄(正)还是奸雄(反)”话题举办辩论会;将“舌战群儒”改编成课本剧,进行表演;1994 年版的电视连续剧《三国演义》主题曲音乐欣赏;擂台赛,比一比谁掌握的《三国演义》里的成语和歇后语多;等等。

经过一段时间的“整本书阅读与研讨”,学生扩大了阅读的空间,养成了终身读书的习惯;提升了思维品质,掌握了阅读的方法;培养了高尚的审美情趣,积累了丰厚的文化底蕴。

三、坚持以活动为主的理念

《新课标》中说:“语文活动是与语文素养生成、发展、提升的明确目的相结合的,是学生的自主活动,需要学生自己去体验环境,完成任务,发展个性,增长思维能力。阅读与鉴赏、表达与交流、梳理与探究是三类最基本的语文学习活动。”也就是说,语文的学习应该以学生的言语活动为主要形式,通过学生的参与和实践,充分运用自己的各种感官接触和语言,在“做”的过程中加深对语言知识的理解,并且不断验证自己已经掌握的知识,逐步将语言知识内化为自身的语言能力。

进行高中语文阅读教学改革,必须坚持以活动为主的理念。我们进行的“高中语文‘四段式·六化式’课内外阅读任务群设计”研究,设计了独具特色、丰富多彩的活动,形成了自己的阅读实践活动品牌。

第一,课前 5 分钟的演讲活动。每天语文课前 5 分钟,组织学生进行演讲。天天坚持,从不间断。演讲话题形成序列,从高一、高二到高三,难度逐渐加大。学生现场抽签,全员参与。

第二,每学期两次的“校园演说家”活动。班级推荐,年级选拔。选拔出来的学生根据统一命制的题目,自己设计海报,自己选定地点,在校园内进行演讲。

第三,每学期举办一场教师论坛。教师从更高的层面上,解读文化、文学等方面的内容，拓宽学生的视野，开阔学生的思路，增长学生的才干，提高学生的素养。

第四，每学期举办一场学生论坛。学生就自己所读的内容、喜欢的话题，自己撰写稿件，设计课件，在全校学生面前举办讲座。

第五，每学期举办一次游学活动。组织学生到本地文化遗迹或泰安、曲阜等文化圣地进行游学活动，亲临先贤故里，感受先贤情怀，继承先贤精神。

第六，每学期举办一次校园朗读者活动。学生在校园内搭建舞台，设计流程，朗诵自己的原创诗歌作品。

这些活动丰富了学生的学习生活，激发了学生的阅读兴趣，调动了学生的参与热情，保障了高中语文阅读改革的顺利开展。

当然，在具体的实践过程中，“活动”也会出现一些问题，正如王宁教授所说：“有些注重形式，忽略了内容；注重手段，忽略了目标。如果这个问题不解决好，学习任务群就会制造一种浮躁，学生不好好念书，都出去做活动了。学习任务群要用学生感兴趣的话题和有意义的讨论解决学生不喜欢读书的问题，不能因迁就学生不喜欢读书而去搞与语文关系不大的课外活动。如果每一个任务群都以课外活动为主，不但老师的指导无法实现，还会冲击到其他课程，影响整个教学的全面运转。”[①]这些都是我们在设计活动时必须避免的。

四、坚持真语文的理念

原国家教委副主任柳斌说：“真语文活动正当其时。现在的语文教育确实存在一些问题，具体表现为：花样比较多，效率比较低；表演比较多，训练比较少；功利性和竞争性的东西比较多，真正属于语文的东西比较少。真语文强调语文教学不搞花架子，提高学生听、说、读、写能力，对廓清相关认识意义重大。”

2012 年 11 月 23 日，《语言文字应用》报刊社在福建聚龙小镇联合全国 32 所学校发布了《真语文宣言》。宣言倡议六条：

（一）语文教学与人生最接近。语文教学塑造学生的心灵，语文教学最该真实、真诚、真情、真切，让我们本色教语文，认真教语文，使语文回归本真状态。

（二）工具性与人文性的统一是语文课程的基本特点。语文课程的人文性中蕴含着工具性，要紧扣课文字词句段篇教语文，贴近学生的兴趣和

① 《语文建设》编辑部：《语文学习任务的“是”与“非”——北京师范大学王宁教授访谈》，《语文建设》2019 年第 1 期。

生活需要教语文。

(三)语文课程是实践性课程。语文教学要致力于培养学生的语言文字应用能力,提升学生的综合素养,我们提倡在教与学的如下三个方面体现本真语文的教学风格:教师要真讲、学生要真学、评价者要真评。

(四)把提高学生的语文素养作为语文教学的首要任务。在教学思想、教学方法、教学风格和教学评价等方面加强研究和实践,切实提高语文教学的效率,切实提高学生的语文素养。

(五)充分发挥语文教师在语文教学中的主导作用。语文教学不装、不演、不做作,慎用 PPT,慎用多媒体教学设备,让学生真正成为语文学习的主体,真读、真说、真写、真对话。

(六)努力拓展语文教学空间。语文教学要在听说读写活动中培养学生自然、健康的表达习惯,自信、创新的心理品质,自由、独立的人格特征。语文是影响学生一生的重要课程,语文是关乎学生精神成长的重要课程;语文是所有学科教学的基础,语文是每一个人终生学习的重要内容,让我们在本真语文的旗帜下,教真语文,教实语文,教好语文。

我们进行高中语文阅读教学改革,必须始终坚持“真语文”的理念。在阅读改革的过程中,教师要“真”教,要教“真”;学生要说真话,写真事,抒真情,学做真人。比如我们构建的读—写—展—评“四段式”课内阅读教学模式。

五、坚持创新教学的理念

1995 年,在全国科学技术大会上,江泽民同志指出:“创新是一个民族进步的灵魂,是国家兴旺发达的不竭动力。如果自主创新能力上不去,一味靠技术引进,就永远难以摆脱技术落后的局面。一个没有创新能力的民族,难以屹立于世界先进民族之林。”①

科技如此,教育也是如此,著名特级教师李吉林说:“创新,是人的生命迸发出的最鲜活的、最富灵性的智慧的火花。即使是瞬间的,也是灿烂的;即使是粗浅的,也是可贵的。它是与学生学习的兴趣、学习的态度、敏锐的观察力、求异的思维品质、丰富的精神世界密切相关。”②我们进行语文阅读教学改革,就必须坚持创新理念。

创新教学理念是指在语文阅读教学改革中,不墨守成规,不因循守旧,不一

① 《江泽民同志在全国科学技术大会上的讲话》,《科技文萃》1995 年第 7 期。

② 李吉林:《李吉林文集·儿童、知识、社会的和谐构建》,人民教育出版社 2006 年版,第 302 页。

味地重复昨天;语文阅读教学改革必须在继承传统、发扬已有成就的基础上,紧跟时代步伐,结合学生实际,大胆革新,勇于突破,在教学内容、教学设计、教学方法、教学手段、教学目标等方面有新的突破、新的发展。只有这样,语文阅读教学改革才能在新的时代绽放出新的花朵。

高中阶段,学生最宝贵的是时间。如何在有限的时间内挤出时间让学生进行阅读,是每个高中学校必须解决的难题。评价是一种导向,是指挥棒,科学合理的评价方式对于推动阅读活动的开展,一定会起到积极的作用。而我们过去的阅读教学的评价方式太死板、太僵化,缺乏激励性。为此,我们在阅读教学改革中,对评价方式进行了大胆的创新。

首先,我们借鉴"学习强国"务实有效的评价体系,精心设计语文评价方式。

近几年,由中共中央宣传部宣传舆情研究中心出品的"学习强国"凭借其丰富多彩的内容、灵活多变的考查形式、务实有效的评价体系,越来越受到大众的欢迎,人们由最初的被动学习渐渐转变为主动学习。"学习强国"的运营模式给学校开展阅读教学活动提供了很多有益的启示。

"学习强国"的评价方式是务实的、有效的,目的是让人们通过学习了解国家的大政方针,了解祖国的灿烂文化,丰富人们的精神生活,增强民族自豪感和文化自信心。只要登录看视频、读文章、分享好素材就能获得积分,坚持不懈,就能逐渐获得"一心一意、再接再厉、三省吾身、名扬四海、学富五车、六韬三略、七步才华、才高八斗、九天揽月、十年磨剑"等荣誉称号。获得的相应积分还可以兑换读书券。而更令人鼓舞的是,2019 年 9 月 23 日,"学习强国"平台邀请全国近 60 名学习积极分子和挑战答题学习达人共聚北京,在人民大会堂观看国庆专场文艺演出,并到"学习强国"平台参加座谈访谈活动。这是最高的荣誉,能激励更多人更积极地参与到"学习强国"活动中来。

我们仿照"学习强国"的评价方式,设置十级阅读达人荣誉,鼓励学生持之以恒;我们在阅读课设置"挑战答题"环节,激励学生永争第一;我们组织那些阅读成绩突出的学生到革命圣地进行更直观的学习;等等。新颖的评价方式吸引了更多的学生参与到阅读活动中来,学生慢慢地爱上了读书。

其次,我们创新考试形式,将阅读内容纳入考试的范围,用分数激励学生进行阅读。

温儒敏先生说:"高考和中考也都开始注意查考阅读速度与阅读量。考试倒逼你读书。"高中阶段考试比较频繁,学生又非常重视成绩。如果所读内容和考试一点关系都没有,学生慢慢地就没有阅读动力了。将所读内容巧妙设计,放进月考、期中、期末试题，让那些认真读书的学生得到“实惠”，是推动整本书阅读活动开展得很好的方式。比如，学生读《活着》时，我们在月考题中设计了下面几个题目：

1.《活着》在描写一个家族的苦难史的过程中，给我们展现了波澜壮阔的历史背景，下面各项中，《活着》中没有反映这段历史的一项是（ ）

A.抗日战争 B.解放战争 C.辛亥革命 D.“文化大革命”

2.《活着》中，没有死在同一家医院的人物是（ ）

A.有庆 B.凤霞 C.二喜 D.苦根

27.小说《活着》中有很多精彩的细节描写，请你就其中的一个做出评价，先概括细节，然后评论，不少于50字。（4分）

32.读《活着》，深表同情者有之，痛哭流涕者有之，大发感慨者有之；有的感受到了生活的艰难，有的看透了社会的黑暗，有的增添了活着的希望……你会有怎样的感受呢？请写一篇文章，表达你的看法，自拟题目，题材不限，不少于800字。（60分）

前三道题的设计意图如下：

第1题，考查《活着》的时代背景，学生反复读了几遍小说了，如果不能把富贵一家的苦难上升到民族的苦难、国家的苦难，那他的视野还是太窄，层次还是太浅，这道题就是引导学生往深度上分析，往高度上探究。

第2题，富贵的三个亲人死在了同一家医院，这仅仅是巧合，还是作者的有意安排？作者为什么要这样设计，这里面一定有深层次的原因。

第27题，《活着》里面有很多细节，比如为了不让凤霞挨咬，二喜每次都先进屋，让蚊子吃饱了再让凤霞进屋睡觉。学生如果关注了这些，对《活着》这部作品就会有新的认识。《活着》中，不仅有痛苦，有挣扎，有死亡；还有希望，有温暖，有感动。理解到这一步，读书的境界才会大大提高。

这四道题，既有对学生识记能力的考查，如第1题、第2题，学生如果不读《活着》，是回答不上来的；也有对学生概括能力和审美能力的考查，如第27题，对文中细节先进行概括再进行评论；还有对学生思辨能力的考查和思想道德的引领，如第32题，作文。这样的考试方式，让那些爱读书的学生从分数上得到了“实惠”，受到了激励，进一步激发了他们的读书热情。

当然，考试的受益只是一时的，真正长久受益的是学生从内心里愿意读书了，这是他们一生的财富。

第三章　“四段式”课内阅读任务群设计基本方法

党的十八大把立德树人作为教育的根本任务，落实这一根本任务是学校深化课程改革的基本依据。基于新的课程标准、新的高考形势以及目前高中语文教学存在阅读能力差的现状，我校依据语文核心素养“语言建构与运用，审美鉴赏与创造，思维发展与品质，文化传承与理解”的四个维度，建构形成“横向分类，纵向分层，专题推进，大小学时并行”的高中语文校本课程体系。创新语文教学，构建读—写—展—评“四段式”阅读教学模式和“六化式”课外阅读实践活动模式。变革语文阅读教学机制，开展丰富多彩的语文活动，让语文教学呈现出全员参与化、课程特色化、课堂生活化、活动日常化、学生个性化、读写成果化的新样态。

第一节　“四段式”课内阅读教学模式的具体研究内容

语言文字是人类最重要的交际工具，是人类文化的重要组成部分。语文教学面临着新的要求，顺应社会发展的需要。“四段式”课内阅读教学模式在教学过程中，尤其注重阅读的广度和深度，注重实践性，充分尊重学生的主体地位。“四段式”课内阅读走出传统教学模式，调整设计思路，从学生的生活实例以及学生的实际情况出发，恰当地运用多种多样的教学活动，引导学生发现、创新、探究，加强阅读课的情境化、结构化的设置，促进学生语文学习方式的转变。“四段式”课内阅读教学模式打通了课内教材与课外阅读文本、课内阅读教学与课外阅读实践、应试能力的培养与语文核心素养的提升，破解了学生底蕴缺失的问题、急功近利的问题、学习主体的问题、质量提升的问题。让语文教学从重视学科分数走向重视核心素养，让语文教学从违背教学规律走向科学健康发展，让语文教学从教师为主体走向学生为主体、教师为主导，让语文教学从知识的传授走向能力的培养，培养学生终身阅读的习惯，落实立德树人的根本任务。

一、目标要素

(一)总目标

通过阅读小说、散文、戏剧文学、古诗文等优秀作品，品味语言，感受其思想、艺术魅力，发展想象力和审美力。通过语文实践，使已经获得的知识、能力、方法、情感、态度、价值观等方面的要素融汇整合，切实提高学生语文素养，为学生幸福人生奠基。注重跨领域的学习，拓展语文学习的范围，通过广泛的实践，提高语文综合应用能力。同时，陶冶学生性情，深化热爱祖国语文的感情，体会中华文化的博大精深，追求高尚情操，提高道德修养。总体目标如下：

(1)通过对新高考下语文阅读的研究，构建实施读—写—展—评“四段式”阅读教学模式和“六化式”课外阅读实践活动模式，逐步形成有效语文阅读方法，促进语文教学效率的提高。

(2)通过组织实施读—写—展—评“四段式”阅读教学模式和“六化式”课外阅读实践活动模式的实践研究，切实培养学生养成良好的阅读习惯，促进学生核心素养的提升，为幸福人生奠基。

(3)通过读—写—展—评“四段式”阅读教学模式和“六化式”课外阅读实践活动模式的实验研究，培养一批观念新、业务素质高、创新能力强的教师队伍，培养一批教学能手、骨干教师、学科带头人，提高教师论文撰写的水平，促进年轻教师的成长，提升教师队伍的整体素质。

(二)具体目标

(1)培养学生广泛多样的阅读兴趣，努力扩大自己的阅读视野。学会正确、自主地选择阅读材料，读好书，读整本书，丰富自己的精神世界，提高文化品位。

(2)阅读理论类文本，着重思考其思想的深刻性、观点的科学性、逻辑的严密性、语言的准确性，把握观点与材料之间的联系。

(3)学会鉴赏文学作品，能感受形象，品味语言，领悟作品的丰富内涵，体会其艺术表现力，有自己的情感体验和思考，受到感染和启迪，努力探索作品中蕴含的民族心理、时代精神，借以了解人类丰富的社会生活和情感世界。

(4)注意在实践活动中提高口头交流的能力，能根据谈话的目的，选择恰当的时机和场合，提出话题，敏捷应对。能用准确生动的语言叙述描绘，注意表达效果。学习演讲与辩论，主持集会、演出等活动。

(5)激发学生诵读的兴趣，指导诵读的方法，培养学生诵读的习惯，不断积累丰富语言，提高语言表达水平。

(6)引导学生积极参与生活，体验人生，关注社会热点问题，激发写作欲望。引导学生表达真情实感，不说假话、空话、套话，纠正为文造情等不良写作倾向。

二、内容要素

(一)构建高中语文课内任务群

构建了“横向分类，纵向分层，专题推进，大小学时并行”的高中语文课内任务群，为推进读—写—展—评“四段式”阅读教学模式和“六化式”课外阅读实践活动模式提供了依据。

为落实立德树人的根本任务，适应新课程改革的需求，从根本上提升学生的语文素养，结合目前高中语文教学中存在的学生阅读量小、知识面窄、阅读能力差、轻视传统文化、民族情怀缺失的现状，学校开展语文整体阅读教学改革。以“阅读”作为突破口，构建了“横向分类，纵向分层，专题推进，大小学时并行”的高中语文课内任务群，开阔学生的视野，陶冶学生的情操，提升学生的语文能力和文化底蕴，提高学生的语文核心素养，为推进读—写—展—评“四段式”阅读教学模式和“六化式”课外阅读实践活动模式提供了依据。课内任务群的建立让学生多读书，读好书，在读书中培养学生提出问题、分析问题、解决问题的能力。学生见多识广，厚积薄发，素养的提升也就水到渠成，瓜熟蒂落。

“横向分类，纵向分层，专题推进，大小学时并行”的高中语文课内任务群具体内容如下：

(1)横向分类。依据语文核心素养“语言建构与运用、审美鉴赏与创造、思维发展与品质、文化传承与理解”的四个维度，结合学生实际，构建语文学科课程、语文实践活动课程、优秀传统文化三种课程。

(2)纵向分层。高一广泛阅读，激发兴趣；高二深入阅读，形成成果；高三迁移运用，提升能力。

(3)专题推进。制定十二个阅读专题，打通课内教材与课外阅读文本，打通课内阅读教学与课外阅读实践，打通应试能力的培养与语文核心素养的提升。

十二个专题为：演讲美丽人生，点评净化心灵；评今之大事，扬浩然正气；品读文学剧本，演创经典剧本；读现当代小说，品鉴人物形象；品读名家散文，享受文化盛宴；走近唐诗宋词，领略诗词魅力；品读人物传记，感受伟人魅力；走进鲁迅作品，领略文人风骨；读名著，品三国；读《论语》，诵《诗经》；诵读《红楼梦》，体会百味人生；逝去的乡村，永恒的精神。

(4)大小学时并行。在课程学时的安排上，有课前5分钟的演讲，有课间20分钟的“我是校园演说家”，有2小时的连堂课内阅读。大小学时并行，推进读—写—展—评“四段式”阅读教学模式和“六化式”课外阅读实践活动模式顺利开展。

(二)构建“四段式”课内阅读教学模式

构建了读—写—展—评“四段式”课内阅读教学模式，创新教学方式，实现了学生、教师、文本之间的对话。

旧的教学观念是教师讲、学生听，旧的课堂教学模式是教师串讲、串问的“满堂灌”，费时低效。学校语文阅读改革树立以“学生为主体”的教学思想，充分发挥学生的主动性，让学生读，让学生写，让学生评，让学生设计活动，让学生拍摄视频，把学生的学习自主权落到实处，使之成为学习的主人。现行高中语文教学最突出的弊端是不按规律办事，太急于求成，为了赶进度而赶进度，为了完成任务而完成任务。

“高考前置化”“语文理科化”，不注重语文阅读，更不注重思维训练，当前学生的现状是阅读量小、知识面窄、轻视传统文化、民族情怀缺失等。新高考、《新课标》、新时代下的阅读教学，要牢固树立学生是阅读教学主体的思想，宁阳四中开展读—写—展—评“四段式”课内阅读教学模式教学改革，创新了教学方式，实现了学生、教师、文本之间的对话。注重学生个性化解读，注重生生之间、师生之间、学生与专家之间的对话。让阅读在脑海中留下痕迹，让思维得以锻炼，让认知得以深化，让素养得以提升，也让语文教学从重视学科分数走向重视核心素养，进而提升了学生的语文能力，增强了学生的文化底蕴。

1.读是阅读教学的精髓，是“四段式”阅读教学的生命线

“读”就是让学生安安静静地读，心无旁骛地读，甚至是不带任何任务地读。很多时候，在学生阅读前，我们总是先入为主，总是指导在前，总是任务先行。有了那么多的束缚，学生还能放开手脚吗？有了那么多的限制，学生还能自由

地飞翔吗？让学生“真”读，就是给他们充裕的时间，就是给他们最大限度的权利，就是让他们轻松地“悦”读。

“读”有默读、诵读、略读、精读、个人读、齐读、小组读、分角色朗读、重读、选读等多种方式，通过读了解体会作品的内容，要读出自己的理解，读出自己的体验，读出自己的感悟，读出自己的创造，在读中悟情，在读中悟意，为写做铺垫。宋代朱熹曾言“循序渐进，熟读而精思”；而陶渊明则言“好读书而不求甚解”。阅读方法很多，要根据读阅读的内容选择适当的方法。

《新课标》中指出：“学会正确、自主地选择阅读材料，读好书，读整本书，多媒介获取信息，提高文化品位，提高阅读与表达能力。必修阶段各类文本的阅读量不低于 150 万字。”学习多角度、多层次地阅读，对优秀作品能够常读常新，获得新的体验和发现。借助工具书、图书馆和网络查找有关资料，加深对作品的理解。选择性必修阶段各类文本的阅读总量不低于 150 万字。依据十二个阅读专题，结合《新课标》要求的必读的古今中外文学名著，还要阅读涵盖不同领域的书籍，如哲学、美学、经济学、伦理学、自然科学、学术思想等方面的经典书籍，像《资治通鉴》《全球通史》《四世同堂》《边城》《人生》《活着》《百年孤独》《基督山伯爵》《红与黑》《悲惨世界》《老人与海》《人性的弱点》《物种起源》《国富论》《资本论》《美的历程》《逻辑学》等。胸藏万物凭吞吐，笔有千钧任翕张。

2.写是阅读思考的深入，是“四段式”阅读的保障线

“写”就是让学生自由地写，尽情地写，甚至是“毫不顾忌”地写。早恋是一种现象，是每个少男少女都会拥有的懵懂情感，为什么就不能写进自己的文章里？写这样的文章，为什么就会“冒天下之大不韪”？为什么就会引来那么多的非议和指责？对学生这类文章的此种认识，本身就违背了“真语文”的理念。

写即对文本圈点批注，是摘抄积累，是鉴赏评价，是迁移运用，是在写作中完成与文本、与作者、与自己心灵的对话。周国平说过：“所谓语文水平，无非就是这两样东西，一是阅读的兴趣和能力，二是写作的兴趣和能力。”[①]可见写作的重要性。

如果说阅读是吸收，是积累，那么写作就是倾吐，是交流，它们密不可分，相辅相成。每一个任务群都围绕一个主题展开，设计与之相关的写作活动。例如设计“逝去的乡村，永恒的精神”任务群时，首先引导学生阅读《乡土中国》，圈点批注，并且构建思维导图；然后阅读“乡土文学”系列作品，仿写关于家乡的文

① 周国平：《如果我是语文教师》，读者·校园版编：《奔跑才会超越》（读者校园版），敦煌文艺出版社 2019 年版，第 7 页。

章,开展"唱给家乡的赞歌"诗词创作、家乡调查报告、家乡人物访谈、家乡微视频脚本创作、我为家乡代言等丰富多彩的活动。写作活动的设计使学生的阅读思考走向深入,同时以写促读。读写结合建立在广泛而深入的阅读基础上,才能有更丰富的内涵、更强大的生命力,才能全面提高学生的语文素养。

3.展是读写体验的再现,是"四段式"阅读最美的风景线

展即在小组内、班级内、年级组织的讲坛上进行展示交流,进行思维碰撞。"展"就是让学生展示自己的真实的想法,展示自己的真实的风采,不矫揉造作,不夸夸其谈。最忌讳的是台上哭得稀里哗啦,台下却无动于衷;人前讲得义正词严,人后却麻木不仁。生活不是演戏,人生需要真诚,学校给学生的教育就是要真实地去生活,实在地去工作。

语文课程作为一门实践性课程,应着力在语文实践中培养学生的语言文字运用能力。《新课标》指出:"用自己的语言撰写全书梗概或提要、读书笔记与作品评介,通过口头、书面形式或其他媒介与他人分享。"宁阳四中搭建诸多听说读写平台,为学生提供展示的机会,成立了"春蕾"话剧社、"岱蕾、绽放"文学社等社团。学校每月举行一次"我是校园演说家"公共场所即兴演讲,每学年举行一次课本剧大赛、辩论赛,每学期举行两次"师生百家讲坛",每学期组织学生编辑四期文学刊物。另外,学校还创造性地开展了走进乡村、我是校园演说家、微视频、校园朗读者、汉字听写、诗词创作等丰富多彩的活动。

学校组织学生围绕中心论题进行有准备的研讨,围绕专题选择合适的方式展示探究的成果。这一环节主要发展学生独立阅读的能力,引导学生展示交流,从不同的角度和层面进行阐发、评价和质疑,对文本做出自己的分析判断;注重个性化阅读、学习探究性阅读和创造性阅读,使学生养成相互切磋的习惯,乐于与他人交流自己的阅读鉴赏心得、展示自己的学习成果。

4.评是思维碰撞的展现,是"四段式"阅读教学的提升线

评即结合学生的作品,学生互相评价,教师评价指导,从而提升学生对文本阅读的层次。"评"就是让学生真说话,说真话,话真说。不是谄媚,不是迎合,不是一味地"好好好",不是一味地"是是是",存在的问题要一针见血地指出,解决的方法要清清楚楚地讲明。"独学而无友,则孤陋而寡闻。"思维碰撞,互促提升。学校在任务群活动设计时引导学生敢评、能评、会评,通过评价提高思辨能力,能从不同的角度和层面进行阐发、评价和质疑。

思想源于碰撞,发展现于交流。在评价环节采用纸笔交流、对话交流、小组分享、自我反思等多种评价方式,提高评价效率,增强评价的科学性和可靠性。

学生间评价，既要有对基本目标的确定性要求，确保底线；也要注意以恰当的方式对希望继续提高的学生予以引导。

(三)构建“六化式”课外阅读实践活动模式

创新课外阅读教学实践，构建“六化式”课外阅读实践活动模式，确保“四段式”阅读教学的深入。

课外阅读是语文学习的延伸和实践。宁阳四中创新课外阅读教学，构建“六化式”课外阅读实践活动模式，“六化式”即演说化、辩论化、表演化、采风化、吟诵化、成果化。本书第二章第一节第一部分第一点“工具性与学科育人化”中有简单介绍，本书第四章第一节将具体介绍，在此不予赘述。

我们进行高中语文阅读教学改革，必须始终坚持“真语文”的理念。在阅读改革的过程中，教师要“真”教，要教“真”；学生要说真话，写真事，抒真情，学做真人。

第二节　“四段式”课内阅读教学模式的步骤与措施

学校认真落实“学生是学习的主人”和“在生活中学习”的理念，创新语文教学，扎实开展基于《新课标》的语文阅读教学，有效提升了阅读教学效益。创新课内阅读教学，构建读—写—展—评“四段式”课内阅读模式。为提高课内语文阅读效益，制定读—写—展—评“四段式”课内阅读模式。“读、写”两个环节侧重学生自己阅读，“展与评”两个环节侧重学生与学生、学生与老师等方面的交流与碰撞。课前演讲点评活动，为时代发声；学生讲坛活动，碰撞思维，提升鉴赏水平；原创诗歌大赛，展示了积累的力量；话剧表演、校园朗读者、人物传记长廊等活动，促进了学生阅读与写作的有效提升！

一、推进步骤

《新课标》强化了对于阅读的指导，强调在阅读上“尊重天性，培养兴趣，提高能力”，这三句话很值得琢磨。课内引起阅读兴趣，学生课外就会主动找书来读，慢慢就会形成习惯。我们依据语文课标和学生语文学习实际，制定读—写—展—评“四段式”课内阅读模式，目的是激发学生的阅读兴趣，调动学生的阅读热情，提高学生的阅读面，开阔学生的阅读视野，增强学生的文化底蕴，增强学生的文化自信，提升学科素养，为幸福人生奠基。三年一盘棋，循序渐进，逐步深化，推进语文阅读教学。

(一)高一广泛阅读,激发兴趣

《新课标》强调:从祖国语文的特点和高中生学习语文的规律出发,以语文学科核心素养为纲,以学生的语文实践为主线,设计语文学习任务群。高中三年语文教学一盘棋,引导教师处理好语文与生活的关系,整合课内教材与课外阅读内容,做好阅读与写作的有效衔接,完成高考试题与语文素养双提升。全体语文老师集思广益,整合课内教材,确定了十二个阅读任务群。每位语文老师都有一个自己擅长的阅读群,将自己确定的阅读内容先在自己班级内带领学生精读,同时组织开展各种读写活动;然后再将阅读材料进行修改,打造成精品,再在其他班进行读写活动。

1.选取感兴趣的书籍,鼓励学生心无旁骛的阅读

学生根据十二个任务群,选取自己喜欢的书籍进行阅读。教师引导学生安安静静地读,甚至是不带任何任务地读,让学生对作品进行初步感知,广泛阅读作品,丰富自己的知识。初读是阅读教学的突破口,语言优美、情节起伏、情感丰富的文章自然会激起学生的阅读的兴趣。“书读百遍,其义自见。”阅读是读的最低层次,是对文本的疏通,是读懂文本,获得语言、提升语感的基础。这一环节主要是激发学生的阅读系兴趣,唤起他们对整篇文章以及整本书的整体感知。不止如此,阅读还是学生与文本彼此悦纳的过程,是深入体会、理解文本内涵的基础。学生在高一阶段完成对《鲁迅小说》《人生》《平凡的世界》《余秋雨散文》《周国平散文》《乡土中国》《红楼梦》《王阳明传》《名人传》等书籍的阅读,涉及散文、小说、戏剧文学、诗歌、人物传记以及优秀传统文化等书籍,让学生充分阅读,喜欢阅读,激起读书的欲望,为深入阅读做准备。

2.合理规划时间,依次推进阅读任务

读—写—展—评“四段式”课内阅读模式以“十二个任务群”为导向,一月一专题阅读,全面推开。引导学生广泛阅读,以听、说、读、写活动为载体,整合课内外学习资源,提升学生语文素养。不断引导学生通过阅读拓展视野,建构阅读整本书的经验,形成适合自己的读书方法,提升阅读鉴赏能力,养成良好的阅读习惯。促进学生对中华优秀传统文化、革命文化、社会主义先进文化的深入学习和思考,形成正确的世界观、人生观和价值观。

作为学校特色的“演讲美丽人生,点评净化心灵”演讲任务群,充分利用课前5分钟以及课间操时间完成。“为时代发声”演讲任务群设计形式灵活,有助于激发学生的兴趣,调动学生的积极性。演讲顺序按照姓氏笔顺依次进行。形

式灵活，可一个学生讲；也可一人主讲，其他同学补充；也可以借助课件展示交流。演讲后利用随机抽签的形式抽两名同学进行点评。整个课前演讲的形式体现立德树人的思想，充分调动学生的积极性，让每名学生在每一学期都有多次演讲机会。“我是校园演说家”“为时代发声的班级演讲团”更是采用灵活的形式推动了阅读的进行。

而作为语文实践性较强的“逝去的乡村，永恒的精神”“评今之大事，扬浩然正气”等任务群，安排在寒暑假以及国庆节期间引导学生完成；作为学科特点明显的“读现当代小说，品鉴人物形象；品读名家散文，享受文化盛宴；走近唐诗宋词，领略诗词魅力；品读人物传记，感受伟人魅力”任务群，则结合课内教材，拓展课外阅读，互相补充，推动散文、小说等文体的阅读。

3.设计听、说、读、写活动，搭建诸多平台，逐渐实现学生对阅读内容的内化、吸收

从课堂走向生活，从生活走向课堂。语文教学的核心素养就是培养学生的“听、说、读、写”能力。一个具备了较好的“听、说、读、写”能力的学生，才能谈得上更好地习得语文素养。学生在阅读后，教师为学生搭建一个个展示交流的平台，锻炼学生，提高学生的听、说、读、写能力，让学生敢说、会说、能读、会写、敢评，从而提高他们的语文核心素养。比如“小说阅读”任务群，为推进学生阅读思考，我们设计以下听、说、读、写活动：

(1)《〈呐喊〉自序》中如何理解作者在文中所说的“我在年轻时候也曾经做过许多梦”？这里的“梦”指的是什么？（结合鲁迅生平来思考，可以在网络上查找资料）

(2)对鲁迅所处的时代了解愈深，愈能够体会鲁迅先生文章的真意。有人评价：《狗·猫·鼠》能够让我们看到一个用笔做武器与整个时代斗争的真正的勇士，真正的斗士。请同学们搜集材料，品味语言，说出你自己的看法。

(3)鲁迅先生的散文诗集《野草》，写出了他内心的苦闷、矛盾与追求。《秋夜》中蕴藏着强烈的反抗精神，《雪》《好的故事》展示了他对理想与光明的追求。请同学们结合文本，谈谈个人的理解。

(4)字字肺腑心，浓浓忧国情——鲁迅诗歌初探。

(5)驳论文要做到思路清晰，层次分明，以达到驳斥、批判的目的。请同学们梳理下《文学与出汗》论证过程，概括一下文章论证的思路。

(6)鲁迅先生的杂文被称作“匕首”“投枪”，狠狠地刺向当时黑暗的社会与麻木的民众，但是其中所包含的讽刺与批判到现在依然发人深省，引人深思。

请同学们选取单元中的一篇杂文，结合现实谈一谈个人的理解。

为确保阅读顺利进行，有效推进课外阅读，打造书香校园，宁阳四中四线并举：每周保证四节课的阅读时间，为学生课外阅读打造绿色通道；学校为各班建立图书角，订阅大量书籍，为学生广泛阅读提供条件；语文教师参与阅读讨论，为学生深入理解提供指导；同时举行丰富多彩的读写活动，为学生搭建展示提升的舞台。

（二）高二深入阅读，形成成果

在高一广泛阅读的基础上，让学生围绕十二个任务群有侧重点地进行突破，选取最感兴趣的任务群深入阅读。在这个阶段引导学生围绕自己感兴趣的阅读内容深入阅读。

根据不同的阅读目的，本阶段运用精读研读的方式，把握文本丰富的内涵和精髓，引导学生阅读古今中外诗歌、散文、小说、剧本等不同体裁的优秀文学作品，使学生在感受形象、品味语言、体验情感的过程中提升文学欣赏能力；并尝试文学写作，撰写文学评论，借以提高审美鉴赏能力和交流表达能力；从语言、构思、形象、意蕴、情感等多个角度欣赏作品，获得审美体验，认识作品的美学价值，发现作者独特的艺术创造。

如在“品读名家散文，享受文化盛宴”这一阅读任务群中，依照读—写—展—评“四段式”课内阅读模式进行深入阅读，选取经典名家名篇，把内容分成四个单元，每个单元按照阅读内容、阅读目标、学情分析、方法手段、评价量规、实施计划、活动设计七个方面进行设计。下面选取阅读内容、阅读目标、活动设计三个方面进行展示。

1.阅读内容

本任务群在完成课内散文阅读任务群时，教师引导学生拓展课外阅读散文名家名篇。主要选取余秋雨、周国平、迟子建、毕淑敏、贾平凹等散文大家的经典文章，分为四个单元，每个单元都按照“品读仰望 、思考感悟、运用迁移、铭记展示”四个方面开展听、说、读、写活动，进行深入阅读。学生通过阅读与鉴赏、表达与交流、梳理与探究等语文学习活动，在语言建构与运用、思维发展与提升、审美鉴赏与创造、文化传承与理解几个方面都获得进一步的发展。

2.阅读目标

广泛阅读名家名篇，了解作家的生平简介；阅读经典篇目，摘抄文中精彩的语段；能够读写结合，在阅读中思考，写下自己的感悟；能够做到圈点批注，理解文中经典语句的含义以及文中的写作方法;读写迁移,能够结合高考作文题目运用所积累的内容;能够仿写或改写或原创一篇优美而又深刻的散文。

3.活动设计

苏霍姆林斯基曾说:“在人的心灵深处,都有一种根深蒂固的需要,这就是希望自己是一个发现者、研究者、探索者。”因此,宁阳四中结合实际“将精神发展主动权还给学生,让校园成为学生的精神家园”,依据学生特点,统一认识,开展活动,搭建平台,逐渐打造生动有趣的语文学习课堂,从而促使学生整体语文素养的提高。他们坚信参与就是成功,所有学生参与就是最大的成功。

(1)从推荐文章中任选一篇,根据考试命题规律,引导学生进行命题训练,并且制定出评分标准,用 2 课时完成。

(2)举行“小百家讲坛”散文读书交流活动,先以班级为单位进行散文阅读读书报告会,然后再以年级为单位进行“师生讲坛——散文”活动。

(3)完成散文阅读任务群结题小论文,可以仿写名家名篇,也可以原创一篇散文,也可以探究“作家的创作风格”或“主题思想”等内容。

(4)“一签定格”——散文阅读书签设计比赛。

(5)“小百家讲坛、师生讲坛”散文品读活动。

(6)为“现当代散文作品研习读书报告会”做一份文案设计。

(7)在读书报告会上,推荐一部现当代散文作品,并说明理由。

我们坚信:只要给学生一个舞台,学生便会给我们一个奇迹!活动的开展,由外到内,对于语文学习情境而言,大语文学习氛围让学生学会观察生活、体验生活、表达生活,而且激发了他们的语文学习兴趣,引发了他们语文学习的热情,从而促进了内涵语文学习的提升,思维的碰撞更是将阅读带向深入。

(三)高三迁移运用,提升能力

在高一广泛阅读、高二深入阅读的前提下,学生厚积薄发。课程目标强调要培养学生语言表达与交流能力,提升思维品质,增进对祖国语言文字的美感体验。语文“课前演讲”设计便能注重语言的建构与运用,能促进学生的思维与发展。

语文“演讲活动”设计训练的层次性符合学生的认知规律,能够提高学生的认知水平。依据学生的认知水平和年级特点,按照语文学科规律,在教学设计的“课前演讲”环节,逐步深化演讲内容。高一上学期侧重读书的交流分享,高一下学期学习名言类理解感悟;高二上学期人物系列评论,高二下学期侧重古今中外诗歌鉴赏;高三上学期侧重议论文话题片段展示,高三下学期侧重时文评论。

语文“演讲活动”设计内容丰富，有利于提升学生的听、说、读、写能力，开阔他们的视野，提高学生的阅读与表达能力，丰富学生的积累。学生阅读完《余秋雨散文》以及白落梅的散文后，在课前讲堂中展示了《秋雨悄然，落梅含香》的独特理解：

秋雨，润泽万物细无声，余秋雨，亦是如此；落梅，殁于尘土仍馨香，白落梅，诚然这样。一个似水般细致入微的男学者，一个如花般沁人心脾的女作家，让我如沐春风，看到了初春的青草萌发，领悟了深秋的点点落红。求之弥深，爱之弥远……悄然秋雨温转凉，落梅含香情在肠，雨与梅，各有绝代风华，爱之者重，敬之者诚。握一卷诗书，内页写落梅秋雨之感悟，人生，亦足……

如学生演讲“信仰”这一话题时写道：

“功名之士，决不为泉石淡泊之音；轻浮之子，必不为敦庞大雅之响”，叶燮曾这样写过，无论精神多么独立的人，感情却总是在寻找一种依附，寻找一种归宿，生活中的每一个人都在不断地失去自己最珍贵的东西，所以我们总要去信仰点什么，去忍受现实的无聊、苦难和平庸。

路遥在《平凡的世界》中说：“生活不能等待别人来安排，要自己去争取和奋斗。”古有宁死不屈的文天祥、精忠报国的岳飞、鞠躬尽瘁的诸葛亮，现代五四运动中的青年也值得赞扬，他们都有自己的信仰，并坚守着自己的信仰，他们勇敢、坚毅，他们用实际行动捍卫了信仰的高尚。

二、保障措施

(一)坚持四种原则，强化思维习惯培养，推进课题建设

一是阅读与介绍相结合。学生自由选择课外读物进行阅读，先自主阅读和思考，然后就各自不同的阅读内容向同学们进行推荐，群体优化，充分发挥“合力效应”。二是阅读与讨论相结合。阅读后可采用多种讨论方式就一些有价值的问题进行争论，让学生畅所欲言，发表自己的观点和看法，在思想的碰撞中获益。三是阅读与直观欣赏相结合。教师可以借助多媒体等教学手段向学生介绍影视、戏剧等各种不同的文学作品样式，启发学生做多种形式的探讨。四是阅读与考试相结合。应考探究性阅读，教师根据学生目前的阅读能力，直接为学生提供考题信息进行阅读训练，在实战中提高学生的阅读水平。

(二)完善运行保障,强化课程领导力,创设三项研训机制

为推进项目建设,强化课程领导力,宁阳四中成立以校长为组长、业务校长为副组长、语文教研组长和语文骨干教师为成员的领导小组和工作小组,具体负责本书项目改革的组织领导和实施工作。学校把本书项目建设纳入日常工作并作为重点项目,在政策、物质等方面给予支持确保该项目顺利开展。宁阳四中与部分大学、上级教研机构建立专业引领机制,与省内、市内名校建立交流机制,为教师创设专业的发展机制。

(三)六到位保障,确保项目顺利进行

课外阅读是语文学习的延伸和实践。宁阳四中重视课外阅读教学,做到阅读时间、地点、内容、笔记、辅导和评价六到位。一是时间到位。语文课前5分钟进行演讲活动,每周拿出四节课用于语文读写,每两周安排一个下午进行一次阅读交流展示活动。二是地点到位。教室、阅览室、家中均为阅读场所。三是内容到位。根据十二个阅读专题推荐相应的阅读内容。四是笔记到位。要求学生建立专用读书笔记,学校定期检查。五是指导到位。安排语文教师专人指导。六是评价到位。开展读书笔记展评等活动,激励学生多读书。

(四)建立课题研究制度

第一,建立专家咨询制度。本书课题组聘请省、市教科所研究专家担任顾问,对课题进行全面全程指导。

第二,建立课题调研、指导及实验教师培训制度。通过调研与指导,及时发现问题与总结实验经验,并进行跟踪式研究。对实验教师定期培训,提高其研究水平,保障实验研究的顺利开展。

第三,创建评价机制,激励语文教师积极参与项目改革与建设。梳理研究成果,定期开展研究成果评选奖励活动,将课题研究计入教师年度工作考核,对在实验研究中取得突出成果的实验教师进行表彰等。制定《宁阳四中语文课程重构与教学创新教师评价办法》,鼓励老师们大胆改革,组织的活动、开展的讲座、发表的论文、学生的获奖、教学成绩等分别赋予不同的分数,纳入量化考核,做出突出贡献的老师在评优树先方面享有优先权。制定《宁阳四中课本剧大赛评比办法》《宁阳四中微视频大赛评比办法》《宁阳四中“我是校园演说家”评比办法》等,鼓励学生参加丰富多彩的活动。

第四章 “六化式”课外阅读任务群设计基本方法

在素质教育和新课程改革的大力发展和不断推进的过程中，语文教学工作对学生课外活动的开展更加重视。课外阅读活动的开展对学生知识储备的加强、思维能力的提升和语文素养的养成都有重要作用。因此，教师要重视课外阅读活动的开展，探索多元化的教学模式。

语文重在积累和扩展，课外阅读可以弥补学生在课堂学习中的缺陷，可以进行多层次、全方面的能力培养。课外阅读活动的顺利开展需要引起学生的兴趣，需要从多方面入手培养学生的综合能力和语文核心素养。通过课外阅读潜移默化的影响，给学生带来文化熏陶，提升学生的思维能力，为学生语文学习提供帮助。

第一节 “六化式”课外阅读教学模式的研究内容

“六化式”课外阅读教学模式包括演说化、辩论化、表演化、采风化、吟诵化、成果化。

第一，演说化。在校园里形成演讲的氛围，包括每天一次的课前演讲、每周一次的班会演讲、每学期两次的校园演说家活动等。演讲对学生的阅读基础、表达能力、写作能力等方面都有促进作用。

第二，辩论化。为了提高学生的口头语言表达能力和临场应变能力，开展系列辩论赛活动，包括班级辩论赛、年级辩论赛、校级辩论赛等，人人参与，层层选拔。通过辩论的方式加强学生思辨性阅读和表达训练，培养学生的思辨能力和语言表达能力。

第三，表演化。让学生当编剧，改编课本；让学生当导演，把控表演流程；让学生当剧务，准备各种道具；让学生当演员，细心揣摩角色心理。课本剧的表现形式能够激发学生的创造性和想象力,提升学生的综合素养。

第四,采风化。随着我国农村城镇化进程的加快,古老的村落在记忆中不断模糊,淳朴的乡音在生活中渐渐消逝,善良的乡情在现实中渐渐冷漠。为了让同学们记住乡村,会说乡音,珍惜乡情,课题组设计了“逝去的乡村,永恒的记忆”系列语文阅读实践活动,在每年的国庆节,让学生走进乡村,了解村史,拍摄视频,抒写感受。

第五,吟诵化。吟诵是一种传统的语言表达形式,在阅读时,要求学生将文字转化为抑扬顿挫、富有情感的语言。吟诵能够将学生带入古诗词的情境,促进学生对古诗文和传统文化的理解。

第六,成果化。学生的作品需要展示的平台。学校每学期举办学生论坛,印刷学生作品集,将学生的阅读感受成果化。既激励了学生的积极性,也能够加强学校的校园文化建设。

第二节 “六化式”课外阅读教学模式的步骤与措施

一、演说化

对于演讲活动,教师需要提前确定好演讲的主题。主题的选择可以从当前的社会新闻热点出发,也可以选取历届高考作文中的考点。让全班同学从自身出发,联系生活的实例或者阅读、观影经历对演讲内容进行准备。演讲内容必须是学生的原创作品,不得从网络上抄袭。另外,还需要有明确观点,对主题提出自己的看法。整个演讲过程需要结构严谨、深入浅出。教师也可以设置一些自由演讲环节,不限制主题和内容,让学生们自由发挥,针对自己感兴趣的方向和内容发表演讲,增加演讲互动的趣味性。

对于演讲活动的流程和顺序,教师需要和学生一起商讨确定。课前演讲一般为每人3～5分钟,时间较短,参与的顺序可以是按照学号进行,也可以通过随机抽签决定。班会演讲每周5人左右,时间可以稍长一些,每人5～8分钟。校园演说家活动可以采用学生报名的形式,选取10位学生参赛,演讲时间为10分钟。课前演讲和班级演讲都是一样的流程,演讲者需要先在黑板上写下自己的演讲题目和姓名,之后开始进行演讲。演讲过程中,学生需要尽量脱稿完成,声音洪亮,仪态大方,可以添加一些肢体语言,需要注意与观众的眼神交流和互动。在每一位同学演讲完成后,选择1～2位同学对该同学的演讲进行评价，可以从内容、框架或是语言、仪态等方面进行。教师在最后进行总结评价，提出建议。

以下是宁阳四中课前5分钟演讲要求、高一上学期“演讲美丽人生，点评净化心灵”高一下学期演讲主题。

宁阳四中课前5分钟演讲要求

1.内容上采取循序渐进的方式，演讲顺序按照姓氏笔顺依次进行。

2.每周一个主题，循序渐进。高一上学期名言类课前演讲，高一下学期现当代诗歌赏析；高二上学期人物系列评论，高二下学期侧重时评论述；高三学年议论文话题片段展示。

3.要求活动内容张贴上墙，语文教师把活动内容贴到备课本首页，做到心中有数，每个班每节课雷打不动地进行，全班同学参与。采取一个学生主讲的形式；也可一人主讲，其他同学补充。鼓励学生制作课件展示交流。

4.演讲时要求演讲者必须脱稿，提前一周准备，演讲时吐字清晰、声音洪亮，做到抑扬顿挫、大方流利，必须使用普通话。

“演讲美丽人生，点评净化心灵”高一下学期演讲主题

古代经典名言

第1周：既以为人，己愈有；既以与人，己愈多。——春秋·老子《道德经》

第2周：求木之长者，必固其根本；欲流之远者，必浚其泉源。——唐·魏征《谏太宗十思疏》

第3周：志合者，不以山海为远。——晋·葛洪《抱朴子·博喻》

第4周：知能不举，则为失材；知恶不黜，则为祸始。——《全唐文·金镜》

第5周：天下之事，不难于立法，而难于法之必行。——明·张居正《请稽查章奏随事考成以修实政疏》

第6周：以天下之目视，则无不见也；以天下之耳听，则无不闻也；以天下之心虑，则无不知也。——春秋·管仲《管子·九守》

第7周：明者因时而变，知者随事而制。——汉·桓宽《盐铁论》

第8周：一家仁，一国兴仁；一家让，一国兴让；一人贪戾，一国作乱。——《大学》

第9周：高岸为谷，深谷为陵。——《诗经·十月之交》

第 10 周：工欲善其事，必先利其器。——《论语·卫灵公》

第 11 周：躬自厚而薄责于人。——《论语·卫灵公》

第 12 周：玉在山而草木润，渊生珠而崖不枯。——《荀子·劝学》

第 13 周：夫市之无虎明矣，然而三人言而成虎。——《战国策·魏策二》

第 14 周：德不优者，不能怀远；才不大者，不能博见。——汉·王充《论衡·别通》

第 15 周：多见者博，多闻者智，拒谏者塞，专己者孤。——汉·桓宽《盐铁论·刺议》

第 16 周：救寒莫如重裘，止谤莫如自修。——晋·陈寿《三国志·魏书·王昶传》

第 17 周：知不足，然后能自反也；知困，然后能自强也。——《礼记·学记》

二、辩论化

辩论赛的开展对学生思维能力的培养具有重要作用。班级辩论赛教师可以从课本出发，选择教学过程中学生们争论较多的观点，以此开展辩论活动。当然，主题的选择是多样化的，也可以选取学生日常生活学习中的实例。

辩论赛具体的实施过程为：学生分为正、反两方，各 4 人，其他同学可以选择支持的一方，成为其“智囊团”。教师充当辩论活动的主持人，选择一名同学为计时员。教师在辩论前要对学生说明辩论的规则和要求。一辩主要负责开篇立论，简要阐述己方观点；二辩负责提供理由和实例；三辩负责反驳对方的观点和例子，四辩负责总结己方观点，并再次反驳对方观点。每次发言时间为3 分钟，自由辩论时间为 10 分钟，“智囊团”可提出自己的观点。辩论完成后，教师利用 5 分钟时间总结此次辩论活动，学生再次整理自己的资料，反思自己的不足。在辩论活动中，每个学生都能够参与其中，辩论的方法也可以帮助学生梳理逻辑，加深认识。

通过思辨化的活动，逐步提升学生的思维品质。养成学生在阅读时准确把握作者观点、态度和逻辑概括的习惯，对文章进行多元解读和质疑分析。

以下是宁阳四中辩论赛流程规则及评分标准（见表 4-1、表 4-2）。

宁阳县第四中学辩论赛流程规则及评分标准

一、总述

本赛制参赛双方每方上场队员共 4 人，称为一辩、二辩、三辩、四辩。

本赛制设置了陈词、自由辩论及总结陈词三个环节。

二、辩论赛程序(由辩论赛主席执行)

1.宣布辩论赛开始

2.介绍辩题

3.介绍参赛代表队及所持立场

4.进行辩论比赛

5.宣布比赛结果并预告下场比赛题目(或下一环节比赛时间)

三、辩论赛流程

(一)陈词阶段

立论陈词:正方一辩陈词3分钟,反方一辩陈词3分钟。

(二)自由辩论阶段

由正方首先发问,然后反方回答,正反方轮流发言。共用时8分钟,每方用时4分钟。每次提问用时30秒,每方回答总共用时4分钟。

(三)总结陈词阶段

反方三辩/四辩总结陈词,用时3分钟;正方三辩/四辩总结陈词,用时3分钟。

(四)评委提问(也可以不提问,提问不计入最后评判)

评委向正方提一个问题,正方任一人回答,其他人可以补充。

评委向反方提一个问题,反方任一人回答,其他人可以补充。

四、辩论赛规则

(一)时间提示

当辩手发言时间剩余30秒时,计时员以一次短促的声音提示,用时满时,以两次声音终止发言,否则作违规处理。

(二)攻辩规则

(1)每个队员提问应明了、回答应简洁(每次提问只限一个问题)。

(2)自由辩论由正方二辩开始,正反方交替进行。

(3)正反方二、三辩参加攻辩。正反方一辩做攻辩小结。正反方二、三辩各有且必须有一次作为攻方;辩方由攻方任意指定,不受次数限制。攻辩双方必须单独完成本轮攻说,不得中途更替。

(4)攻方必须三个以上提问,辩方必须正面回答问题,辩方不得反问,攻方也不得回答问题。

(三)自由辩论规则

双方进行自由辩论,由正方先开始,然后反方发言,此后正反方自动轮流发言。每位辩手在此期间至少发言一次，发言次数、时间及每方四位辩手的发言次序均无限制，但某一方辩手发言落座后，对方发言之前这一方任何一位辩手不得再次发言。

双方各有时间4分钟，一方辩手发言落座时该方计时暂停，另一方计时开始。每方用时还剩30秒时有铃声一次提示，时间用尽两次提示，一方时间到立即停止发言，另一方可以向主席示意放弃剩余时间或者继续发言，直到时间用完。

辩手可以带小卡片，出示或引述书本、报刊的摘要以加强论据。

（四）计分规则

超时减分：本项规则由现场工作人员负责统计。每次超出规则时间限制，参赛队减3分，超时队员减2分。

参赛队有以下表现的，当场叫停并取消比赛资格：(1)违反、扰乱比赛规则及流程的。特别是比赛中着装不得体或严重读稿、无法脱稿的情况。(2)对主席、其他辩手、观众有过激语言或人身攻击性语言及动作的。(3)其他不符合文明道德及中学生守则的行为。

最后得分计算方式：(1)各位评委评出的某参赛队团队整体得分相加之和，减去该参赛队超时应当减去的分值，即该参赛队最后得分。得分高的一方为胜方。(2)各位评委评出的某位辩手的得分相加之和，减去该辩手超时应当减去的分值，即该辩手最后得分，得分最高的辩手为本场优秀辩手。(3)本届比赛最佳辩手评选由大赛评判团商讨决定。

比赛过程中出现违反以上规则的现象由主席即时纠正。

表4-1　辩论赛个人评分标准

个人打分表（100分）									
	评分标准	正方				反方			
		一辩	二辩	三辩	四辩	一辩	二辩	三辩	四辩
语言表达（20分）	1.普通话标准，语速适中。 2.口头、肢体语言和谐。 3.修辞得当，表达合理。 4.表达流畅，说理透彻。								
逻辑推理（20分）	1.逻辑推理过程清晰。 2.论证结果合理、有力。								

续表

个人打分表(100分)									
	评分标准	正方				反方			
		一辩	二辩	三辩	四辩	一辩	二辩	三辩	四辩
辩驳能力(20分)	1.提问简明扼要,设问针对性强。 2.回答问题精准,处理问题有技巧。 3.反驳有理有据、引用实例恰当。								
临场反应(15分)	1.反应敏捷,用语得体。 2.技巧运用得当。								
整体意识(15分)	1.分工合理,协调一致。 2.衔接有序,互为攻守。 3.自由辩论思路清晰,气氛调节有度。								
综合印象(10分)	1.仪态、着装合理。 2.台风与辩风,有风度及幽默感。 3.尊重对方辩友、评委和观众。								

表4-2 辩论赛团体评分标准

团队评分表(100分)			
	评分要点	正方	反方
开篇立论(10分)	1.开篇立论逻辑清晰,言简意赅,论点明晰,分析透彻。 2.论据内容丰富,引用资料充分恰当、准确。 3.分析角度和层次具有说服力和逻辑性。 4.语言表达流畅、有文采。		

续表

团队评分表(100分)			
	评分要点	正方	反方
攻辩(20分)	1.表达清晰、论证合理有力。 2.回答问题精准,处理问题有技巧(攻、守、避合理)。 3.推理过程合乎逻辑,事实引用得当。		
攻辩小结(10分)	1.全面归纳对方的矛盾差错,并做系统的反驳和攻击。 2.辩护有理有据,说服力强。		
自由辩论(10分)	1.攻防转换有序,把握论辩主动权。 2.针对对方的论点、论据进行有力反驳。 3.语言表达清晰流畅,事实引用得当。		
总结陈词(15分)	1.全面总结本方的立场、观点,系统反驳对方的进攻,为本方辩护。 2.语言表达具有说服力和逻辑性。		
观众提问(10分)	辩驳有理有据有力,说服力强,紧密贴合本方观点。		
团队配合及临场反应(10分)	团队整体形象:辩风、整体配合、语言运用、临场反应(语言、风度、举止、表情);有团队精神,相互支持;论辩衔接流畅;反应敏捷,应对能力强;问答形成一个有机整体。		
团队总分			

三、表演化

将课本改编为课本剧是教师常用的教学方式之一。教师可以将主导权交给学生,让学生独立进行课本剧的改编、导演和表演活动,通过具体的表演重现课文内容。教师只需要把握大方向并加以引导,在学生出现问题或者遇到困难时提供帮助。在进行课本剧活动之前,可以向学生展示范文和优秀的话剧作品,让学生从中学习经验。

教师可以引导学生从较为简单的小篇幅作品开始，在课堂上进行即兴表演，或者直接选用课本中的话剧对话片段进行演练。在多次练习后就可以让学生进行整篇文章的创作。让学生从文中人物的形象入手，将文本语言转化为表演语言。重点突出人物的对话，将文本中一些多余的语言去掉，设计成适合学生表演的形式。在创作过程中，学生们为了更好地表现角色任务，会对文章进行多次且认真地阅读，剖析人物形象、揣摩人物的心理活动、练习自己的台词表达，慢慢地带入人物角色，与之产生共鸣，能够设身处地地了解人物并理解作者的意图，从而加深对文章的理解。

表演开始前，每位学生都要对自己的角色进行分析，并做好表演的一些基本准备，在表演前对语言进行多次重复，并加入自己的理解将其表现出来，转化为自己的理解和语言，从而完成“课本剧”的表演活动。

评价与品鉴是表演化的最后两步。在学生表演完成之后，教师需要对学生表演中的语言、形象等进行评价，通过教师的评价让学生明晰自己在表演方面的不足并在后期进行提升。同时，可以让学生针对此次表演写一篇作文，表达自己的感受。可以让学生采取互评或自评的方式评价表演，学会组织语言，从学习语言到表达语言再到最后应用语言解决实际问题，实现了语言学习的由浅入深。教师及时评价，使学生更加清楚自己在表演中的优势和不足，发展优势，并对自己的不足之处进行改进。要求学生写作，就是从侧面发展学生的语言能力，将口头语言转化为书面语言，书面语言表达能力得到进一步提升。

在创作和表演课本剧的过程中，学生不仅感受到语文和表演的魅力，也能够对文章进行深入思考，同时也拓宽了学生的知识范围。在轻松愉悦的环境中进行学习，提高了学生的学习效率，增加了学生对语文学习的兴趣。

学生通过阅读剧本，感受剧本的无穷魅力，掌握剧本的创作方法，结合自己的阅读内容和生活实际编写剧本。例如，历史剧《曲终人犹在》塑造了愤世嫉俗、性情疏狂的魏晋代表人物嵇康，抗战剧《放下你的鞭子》将当时中国人民的觉醒与抗争表现得淋漓尽致，《穿越》《致青春》《蜕变》等话剧体现了中学生对学业、人生、社会的理性思考，等等。

四、采风化

家乡的人物和风景承载着人们丰富的记忆和情感，乡村文化的多样性和历史积淀对文化传承具有重要意义。了解家乡，参与家乡建设，能够增进学生对家乡的文化认同；关注和参与当代文化生活，能够培养学生适应社会、服务社会的能力。用适当的方式关注、参与家乡的文化生活，学习剖析文化现象，有助于增强学生认识社会和阐释自己见解的能力，提升学生对当代文化的感受力，增强文化自信，提升文化自觉。

通过实地考察、访谈、调查以及参与家乡文化生活等实践活动，深化对家乡文化价值和意义的理解，提高对家乡文化现象的认识能力和阐释自己见解的能力。

在进行采风活动之前，教师需要引导学生了解目标乡村的文化和特色，可以通过学校的图书馆或者网络资源进行资料的查询和搜集，写下自己对目标乡村的认识和了解，以及想要深入了解的方面。感受家乡的文化底蕴，全面了解家乡的历史、人物、习俗等文化内涵及特色，广泛搜集资料，完成"'我的家乡文化'素材卡"（见表 4-3），确定调查方向及对象，为展开深入的实地调查做好充分的准备。

表 4-3 "我的家乡文化"素材卡

历史	
人物	
景观	
美食	
习俗	
传统文化	

在活动中，要让学生深入乡村，了解乡土文化的有趣之处。通过前期收集的每个学生感兴趣的方面，将学生划分为几个小组，例如"逝去的乡村，永恒的记忆"系列语文阅读实践活动，在每年的国庆节假期期间让学生走进乡村，了解村史，拍摄视频，抒写感受。"学习方言""手工制作""特色活动""探味美食"等，让每个小组的学生了解自己感兴趣的内容。采风的形式是多种多样的，可以利用视频进行记录，也可以通过文字、图画来进行描述和表现，手工作品就可以将自己的学习作品作为记录。

活动成果分享，同学之间交流、老师总结讲评。在班级内分享交流各小组的"家乡人物（风物）志"，同学老师根据所给的活动过程评价标准、写作评价标准进行评价（见表 4-4、表 4-5）。

表 4-4 "家乡人物(风物)志"活动过程评价标准

	等级	维度	
		风物登记表	人物访谈记录表
评价标准	★★★	记录过程真实、详尽,有图片	记录过程真实、详尽,有图片
	★★	记录过程比较真实、详尽,有图片	记录过程比较真实、详尽,有图片
	★	记录过程不够真实、详尽,有图片	记录过程不够真实、详尽,有图片

表 4-5 "家乡人物(风物)志"写作评价标准

	等级	维度	
		认识家乡风物的突出特点、精神内涵与文化影响	语言表达以叙述说明为主
评价标准	★★★	对相关内容有深入的认识	语言准确、平实、简明,能够融入思考与情感
	★★	对相关内容有一定的认识	语言准确、平实、简明,有一定的思考与情感
	★	对相关内容认识不够	语言准确、平实、简明,欠缺思考与情感表达

采风活动的结束并不意味着学习过程的结束,采风活动不能只流于表面,而是需要对学生有更深层次的教育意义。引导学生关注和参与当代文化生活,学习剖析、评价文化现象,积极参与中国特色社会主义先进文化的传播和交流,增强文化自信。因此,在活动结束后,教师应该引导学生对整个活动进行总结和反思,加深学生对乡土文化的认识和传承,提高学生的综合素养。

五、吟诵化

吟诵主要适用于中国的古诗文,通过不同的节奏、停顿等吟诵技巧,加入朗读者的真情实感,将作品生动地展示出来。这样的方式能够让学生对古诗文有更深层次地理解,有利于教学活动的开展。

首先,教师应该在课堂中通过课本上的古诗文教授给学生吟诵的技巧,比如节奏、停顿、轻重等问题,老师要在日常的教学中有计划地进行训练,让学生掌握到朗读的基本知识。通过有感情地吟诵,学生也能够更好地理解作者想要表达的思想情感。指导学生理解和掌握吟诵的基本规则,如依字行腔、入短韵长、依意行调等,然后,让学生根据这些基本规则学习用声音来表达自己对诗歌内容的理解。其次，教师可以在班级中设立吟诵的兴趣学习小组，营造班级的吟诵氛围，以便提高学生的兴趣和积极性。在吟诵小组中，学生可以进一步探索和学习吟诵技巧和方法，积累经验，也可以相互进行点评、学习。最后，技术的运用也是提高听众感受的必要因素。利用背景音乐、图片呈现等方式可以将听众带入相应的情境，身临其境地感受吟诵的魅力。

吟诵的教学和培养也是传承中华文化的一个方面。学生在古诗文吟诵中能够了解作者的生平背景、所处的年代和人生经历，有利于学生对古诗文的理解和学习，能够促进学生学习水平和综合能力的提升。

六、成果化

教师引导学生在以上五个方面的学习过程中都需要有一个结果，不能光学习而没有成果展示。这就是“成果化”。

在“演说化”方面，教师可以组织班级或者校园的演讲比赛，让学生们积极实践，展示自己。在“辩论化”方面，开展辩论赛活动便是对学生辩论能力和技巧的考察和验收。在“表演化”方面，教师可以指定主题或文章让学生进行课本剧表演，或是学校举办课本剧的比赛，对学生的阅读、组织、创作和表演能力都是一次很好的检验。在“采风化”方面，学生在乡间拍摄的视频、照片，记录的文字、绘画作品，还有自己创作的手工作品以及活动后写下的对活动的感悟都是学生在采风活动中的作品。教师可以开展以采风活动为主题的作品展示、手抄报活动，向其他同学展示和宣传乡土文化。在“吟诵化”方面，学校每学期举办校园朗读者、校园诗词大会、现代诗歌朗诵会等语文阅读实践活动，让学生在读中品味语言、体味人生。

通过对学生学习成果的展示，提高了学生学习的积极性，扩大了教学活动的影响。在此过程中，学生既能够发现自己的不足，进行针对性地补充；也能够发现他人的优点，互相学习，提升自身综合素质。

语文教学不应该局限于课堂，课外的知识积累和能力培养也一样重要。开展良好的课外活动可以推动教师的教学活动，因此，高中语文教师要积极探索课外阅读活动的教学方法，促进学生阅读能力的提高。

第五章　“四段式·六化式”课内外阅读任务群教与学的评价

学校创新实施语文阅读评价，充分发挥评价的激励导向作用。把发展学生的语文核心素养、促进学生的健康发展作为语文阅读教学评价的唯一标准，依据国家标准要求制定了具体的评价量规，发挥其激励导向作用，不断将学科改革引向深入。创新课程评价，发挥评价对教师的激励作用；制定《宁阳四中语文课程构建与教学创新教师评价办法》，在评优树先方面做出突出贡献的老师享有优先；创新课程评价，发挥评价对学生的激励作用；改革考试方式，将所读内容纳入考试范围，通过考试考查学生的语文素养。

第一节　促进教师基于核心素养教学的评价

一、评价的目的与意义

（一）评价目的

一是贯彻中共中央决策部署的重要举措。2018 年 9 月 10 日，习近平总书记在全国教育大会上强调，要“扭转不科学的教育评价导向，坚决克服唯分数、唯升学、唯文凭、唯论文、唯帽子的顽瘴痼疾，从根本上解决教育评价指挥棒问题”。中共中央、国务院印发的《深化新时代教育评价改革总体方案》和《国务院办公厅关于新时代推进普通高中育人方式改革的指导意见》都明确要求，制定普通高中办学质量评价标准。

二是深化育人方式改革的迫切需要。适应普通高中课程改革和高考综合改革,促进普通高中高质量发展,迫切需要改进和完善普通高中办学质量评价工作,引导学校全面落实新课程新教材,优化教学组织实施,完善学生发展指导和综合素质评价。

三是解决评价现实问题的内在要求。普通高中办学质量评价工作还存在一些突出问题,第一,在评价导向上,还存在单纯以考试成绩和升学率评价办学质量的倾向;第二,在评价内容上,还存在重知识灌输、轻实践能力培养的现象;第三,在评价方式上,还存在重结果评价、轻过程评价的问题,迫切需要健全以发展素质教育为导向的办学质量评价体系。

(二)评价意义

阅读教学评价是教师学科阅读指导能力的基本要素,可以帮助教师掌握教学实施的效果,也有利于学生对自己的阅读进行过程监控,更好地进行自主阅读。高中阶段的教育在国民教育体系中处于承上启下的关键地位,对义务教育改革发展具有重要引领和带动作用,有利于促进义务教育优质均衡发展,为更好落实“双减”政策创造良好条件。

一是发挥普通高中学校大阅读理念的引领作用。坚持科学教育质量观,并把“正确处理考试升学与发展素质教育的关系,将高考升学率作为全面实施素质教育的客观结果之一”作为教育理念,有利于扭转不科学的教育评价导向,引领全社会树立科学教育理念,为学生全面实施素质教育营造良好环境,促进学生全面发展、健康成长。

二是发挥普通高中学校多样化办学的带动作用。阅读教学评价主要基于教育部最新出台的《普通高中办学质量评价指南》的理念。把“将办学理念和特色发展目标融入学校管理、课程建设、学生发展、教师发展和校园文化建设等方面,努力办出学校特色”作为重要考查要点,并特别强调“引导办好每所学校,促进普通高中多样化有特色发展”,这有利于引导义务教育学校加强学生综合素质培养,促进学生能够理性选择适合自身成长发展的学校,从而缓解义务教育学生升学压力,减轻过重课业负担。

二、评价的基本思路

评价的基本思路主要体现在以下四个方面。

一是先进性。全面贯彻党的教育方针,坚持正确教学方向,引导学生树立正确的世界观、人生观和价值观，推动构建高效阅读评价体系，促进学生阅读水平高质量发展。

二是针对性。聚焦落实课程改革和高考综合改革重点任务，坚持问题导向，着力克服“唯分数、唯升学”倾向，切实提高全面育人水平，增强学生综合素养。

三是发展性。充分发挥教育评价的引导、诊断、改进、激励等功能，注重考查教师阅读教学改进提升的程度，着力激发教师教学活力，促进学校多样化有特色发展。

四是操作性。对评价的重点内容、关键指标和具体考查要点，以及评价方式、评价实施、结果运用等提出明确要求，给具体操作留出空间，确保有效实施。

三、评价方法

传统教学评价将最终的目的放在奖励和惩罚上，通过阅读结果的测试，评价教师所教学生在过去一段时间内的阅读学习结果，然后给予奖惩，而新时代背景下的评价更关注教师的发展，评价是为了促进教师更好地发展。创新课程评价，发挥评价对教师的激励作用。

(1)制定《宁阳四中语文课程构建与教学创新教师评价办法》，做出突出贡献的老师在评优树先方面享有优先。

(2)为调动教师参与阅读改革的积极性，通过参与市县级公开课(“四段式·六化式”阅读教学)的方式给优秀教师提供展示自我教学水平的平台，积累教学经验和资历。

(3)围绕“四段式·六化式”阅读教学，组织在改革过程中表现突出的教师申报并开展市级“十四五”课题研究以及县级小课题研究，顺利结题后给予表彰并纳入绩效考核。

(4)对于在学生参与的各级各类作文大赛中的获奖指导教师给予表彰并纳入绩效考核。

(5)在日常工作中组织的各种阅读活动(如各级辩论赛、话剧表演比赛、诗歌朗诵比赛、校园演说家比赛等)中表现突出的指导教师给予表彰并纳入绩效考核。

以上评价内容与方法大大调动了教师在语文阅读改革活动中的积极性，激励了广大教师参与“四段式·六化式”阅读教学创新实践活动的热情，从而极大地提高了教师自身的业务水平，更提升了学生的语文核心素养。

第二节　提升学生语文核心素养学习的评价

一、评价的目的与意义

新一轮的基础教育课程改革把课程评价观的转变作为重要枢纽。《基础教育课程改革纲要(试行)》指出,要“建立促进学生素质全面发展的评价体系”,要“建立促进教师不断提高的评价体系”,要“建立促进课程不断发展的评价体系”。这是建构素质教育课程体系的三项核心任务,它体现了我国素质教育对学生语文素养评价的新要求,也符合国际课程评价发展的动向与趋势。

建立多元评价体系,提升学生语文素养。新的高中语文教材高度凸显了语文人文性和工具性的统一,课程内容的选择范围明显拓宽,语文课本不仅仅可供学习,更可用来欣赏。但是重视语文、喜欢语文的学生还是日趋减少了。什么原因呢?我们在实际教学中发现,高中学生有喜欢诗歌的、有喜欢写小说的,喜欢读书的更是比比皆是,可他们在平常的语文考试中却屡屡受挫。这种现状让我感受到了当前评价方式和评价内容改革的必要性、迫切性。传统的评价主要以学习的结果为评价对象,主要目的是为了甄别和选拔,是在选择适合教育的学生,而不是关注需要教育的学生。这种评价忽视了评价对象的丰富性和复杂性,把学生置身于评价的对立面,是一种物化和异化的评价,它漠视学生发展的独特性。

中华人民共和国教育部基础教育司最新颁布的《普通高中学校办学质量评价指南》中提出:学生发展包括品德发展、学业发展、身心健康、艺术素养和劳动实践五项关键指标,旨在考查学生德智体美劳全面培养、全面发展情况,引导学校注重加强德育、体育、美育和劳动教育,引导学生注重提高自身综合素质,扭转重知识、轻素质的倾向,培养学生适应终身发展和社会发展需要的正确价值观、必备品格和关键能力。例如,为提高学生品德素质,考查要点提出“坚定理想信念,了解党史国情,珍视国家荣誉,立志听党话、跟党走;具备社会责任感,养成良好行为习惯”等;为促进学生学业发展,考查要点提出“学业水平达到国家规定的质量标准,理解学科基本思想和思维方法,掌握学科基本知识、基本技能,形成学科素养”等;为培养学生创新精神,考查要点提出“能够独立思考,善于合作学习;注重知行合一、学以致用,有自主探究和发现、解决问题的意识与能力;有兴趣特长”等;为增强学生综合素质,考查要点提出“养成健康生活习惯，积极参加体育运动，不沉迷网络游戏，体质健康达标，保持乐观向上心态""积极参加美育活动，掌握1～2项艺术技能""具有尊重劳动、热爱劳动的观念，积极参加家务劳动、校内校外劳动"等。

二、评价的基本思路

学生语文学习评价必须遵循以下原则：第一，全面性原则；第二，过程性原则；第三，个体差异性原则；第四，多主体参与原则；第五，定性评价与定量评价相结合原则。

基于学生的未来发展，语文学科中听、说、读、写的核心素养尤为关键，它决定了学校是否能够将学生培养成为一个具有综合能力的人，语文学科核心素养的评价标准与评价机制需要解决以下相关问题：

一是在核心素养的各个方面，针对不同年段、接受认知水平有差异的学生确定不同的评价机制。

二是此评价标准要体现新语文教学的三维目标，即知识技能、过程方法和情感态度价值观。

三是此评价标准应体现中华优秀传统文化与现在语文教学实践的完美结合。

我们还结合教师的教学实践，开发了高中语文学科阅读研究课课堂观察量表、学生全学科阅读学生自评表、学生单元学习过程性评价表等一系列量表，既是结果评价，更是学习引导，为学生的阅读学习提供"脚手架"或"导航仪"。

三、评价方法

在进行评价时要拓宽评价渠道，促进学生自我教育。改目前单一的评价方式为既有教师评价，又有学生互评，还有学生自我评价的多主体评价模式。把学生作为评价的主体，会大大激发学生学习语文的兴趣。

（一）数据评价

成绩计算：基本原则是"两结合"，即平时成绩与期中期末成绩相结合、课内成绩与课外成绩相结合。具体方法：学生的学期总评成绩中平时成绩占30％，期中期末成绩占40％，课外成绩占30％。具体操作：平时以能力与活动为主的单型考试成绩＋期中期末综合性考试成绩＋课外成绩（若有在校内外各项活动中获奖等情况可以加分）。对于成绩优异的学生在学期末予以表彰。

(二)量表评价

在阅读活动中设计一系列量表来量化学生的阅读成果,包括教师评价表、学生互评表、学生阅读课自评表(见表5-1)、语文阅读课堂教学学生学习情况评价表(见表5-2)等,采取量化积分的方式进行排名,对于量化积分高的学生在学期末予以表彰。

表5-1　学生阅读课自评表

	时限	阅读兴趣			完成情况			阅读障碍		改进办法
细则		低	中	高	不满意	基本满意	非常满意	阅读速度	理解能力	
反馈										

表5-2　语文阅读课堂教学学生学习情况评价表

姓名：　　　　　班级：　　　　　课题：

一级指标	二级指标	评估等级				得分
		优	良	中	差	
课前准备(10分)	课前收集资料充分,做好预习笔记	4	3	2	1	
	情绪稳定,预备铃后,静等老师上课	3	2	1	0	
	阅读用具准备充分,桌面摆放整洁	3	2	1	0	
阅读情绪(10分)	精神饱满、情绪投入	3	2	1	0	
	对学习内容感兴趣,情绪高昂	3	2	1	0	
	大脑兴奋,思维活跃	4	3	2	1	
主动参与(45分)	能主动阅读、思考、质疑、问难	10	8	6	4	
	在教师组织下,有序开展小组阅读,大组交流	15	12	8	6	
	能调动口、眼、脑、耳等感官,体验阅读	10	8	6	4	
	学生参与率达100%	10	8	6	4	

续表

一级指标	二级指标	评估等级				得分
		优	良	中	差	
创新意识（15分）	不迷信教师和书本，敢于发表不同意见	5	4	3	1	
	教学民主，学生有独立人格	10	8	6	4	
目标达成（20分）	本堂课目标达成度达95%以上	10	8	6	4	
	课堂作业95%以上学生完成	10	8	6	4	
评价人		总分				

第三节　结合核心素养指向考试改革的评价

一、考试改革的目的与意义

对整个教育教学来说，任何考试都发挥着重要的作用，有什么样的考试，就会有什么样的教育。教育涉及考核方式。不同的考试及考试制度在一定程度上影响着学生的素质培养，影响着学生的能力发展，也影响着教师的教学方式。在当前的社会环境下，取消考试无疑是不可能的。要想有所突破，我们就必须在考试题型上下功夫、做文章。多年来，我们的考试题型还一直是以知识的考查为核心目标。我们的题型还只是字词考查、阅读理解考查，还没有真正考查学生的信息素养、思维能力，没有考查学生的研究能力，这样就使得我们的语文教学改革失去前进的动力。

阅读的目的不仅仅是理解文章的内容，语文教学需要培养学生的思维能力。因此，阅读就应该考查学生的综合能力和概括能力，考查学生面对材料的提取能力。就语文教学来说，我们认为考查学生的信息素养应该是语文考试的重要内容，这也是考查学生的语文能力和语文素养的根本。信息能力的考查可以看出一个学生的阅读能力，也就是学生快速的提取信息的能力。因为提取信息的能力是学生综合能力的表现，所以通过对学生的信息能力的考查，还可以评定出学生的综合概括能力、思维能力。语文考试不单单考查学生的信息提取能力，还要考查学生充分利用信息，获得有价值的结论的能力。另外，信息素养是每个公民必备的素养之一。现代社会日新月异，知识的更新换代异常频繁，如果我们只是在现有的知识水平上进行教学，如果我们只是重视考查学生的理解能力，却不知道考查学生的综合能力、概括能力、分析问题的能力等，都会使语文教学失去根本。过去我们的语文考试倾向于考查学生的写作能力，也就是写作议论文、说明文的能力，但是却没有考查学生的实际语言运用能力。我们的学生将来所面临的不是单纯的写作，而是实际的语言运用，他们将来大都从事各行各业工作。然而，我们的考试题目却更多的是在考查学生的文采，对学生思维能力的考查严重不足，思维能力的考查没有在考试中得到应有的重视。

就拿当下语文作文考试来说，传统的作文考试常常以文学考查为主，这种文学性的考查，虽然可以提升学生的文学素养和文采，但是，他们的思维能力却很难从中得到考查，特别是思维的深刻性很难在作文中得到体现，华丽的外衣下面是苍白的内容。同时，无论是出题者还是阅卷者，都将目光放在文采上，很少考虑考查学生的思维能力和信息素养。作文的内容都是要学生表现文采，我们有一大部分学生可以套作文，仿制作文，但是在文中很难看到学生的真情实感，很难看到学生的真知灼见，有的只是华丽的外表、似曾相识的观点、雷同的结构，这样就出现了那种绣花枕头似的文章，好看而不中用。同时这也给那些投机取巧者留下了巨大的空间，那些大量模仿的作品泛滥成灾就是一个证明。千人一面、千曲一腔的作文比比皆是，语文考试走入八股考试的泥潭中去也就不足为奇。因此，语文教学改革必须从改革我们的语文考试做起，只有我们的语文考试转变为考查学生的语文素养，转变到考查学生的思维能力上来了，那么我们的语文教学才能有一个大的转变。[①]

因此，要想使学生将来具有创造性的思维，要想使学生能够在将来的社会中充分利用信息资源，具备资源意识与基本的信息素养，就必须加大这方面的考查力度。基于以上对于语文考试现状的思考，宁阳四中“四段式·六化式”任务群教与学的阅读改革对常规语文考试进行了一系列改革。在语文试题中，我们少放那些基础性客观性的试题，要结合学生阅读过的名著给出一定数量的名著阅读考查题，让学生作答。

① 参见闫新武：《对语文教学与语文考试改革的思索》，《现代语文》（教学研究版）2016 年第 4 期。

二、考试改革遵循的原则

(一)体现语文学科的性质

同其他课程相比,语文学科具有工具性、人文性、基础性、综合性、民族性、实践性等特点。对于学生来说,语文学科赋予他们更多的是其工具性、人文性和实践性。高职语文课程考试只有在考试命题考试操作上努力体现这些特点才能做到以课程为核心,真正实现语文教学的目的。

(二)体现素质教育的要求

语文考试必须体现素质教育的内涵和要求。考试内容来源于课本但不局限于课本,应由教室小课堂拓展到社会大课堂,引导学生走进社会,关注人生,感受时代气息,使课内与课外相通、基础与能力互现。这是大语文观所倡导的,也是素质教育在语文学科中的体现。考试方式也需要更大程度地激发学生的主动意识和表现欲,如采取朗诵、辩论、演讲等。

(三)体现评价的科学性

如何提高学生的语文素养,对此,我们关注较多的是教与学的过程,而对语文教学效果评价的探讨却很少。其实,教学效果评价是语文教学过程的基本内容之一,在语文教学过程中起着激励、调节诊断的作用。何为考试评价?它是依据一定的教学目标和考核标准,对教学活动的结果进行价值判断、为教学决策服务的一种活动。语文学科的特性和语文素质教育目标的构建毫无疑问应有相应的科学的考试评价体系来保证。这是因为,第一,语文学科的工具性决定了其评价内容由片面走向全面;第二,语文学习的生活化决定了其评价形式由单一转变为多样;第三,语文学习的渐时性决定了其评价运作由静态转变为动态。总而言之,语文考试改革在试题设计、考试过程、考试结果分析等方面都要考虑到测量统计和评价的科学性。

三、考试改革的具体实施

(一)考试内容的改革

考试内容在围绕高考评价标准这一核心的同时,融合一部分课外名著的阅读题进行考查。目的是加强阅读鉴赏和文化品味,从而提高学生的鉴赏与审美能力。这是由学生的心智发展程度决定的，此时强调的是思维的宏观性、联系性、思辨性，从而达到对人学、文学、社会学的个人体悟和深刻理解。

例如，宁阳四中高一、高二年级期中考试试题。

高一年级上学期期中考试(节选)

一、文学素养考查(6 分，每小题 1 分)

1.下列故事和关羽没有关系的一项是(　　)

A.刮骨疗毒　　B.水淹七军　　C.单刀赴会　　D.巨鹿之战

2.小说《平凡的世界》里孙少安和青梅竹马的润叶互有爱慕之心，却遭到了(　　)的反对。

A.孙玉厚　　B.田福军　　C.孙玉亭　　D.田福堂

3.我们平时常说“如果冬天来了，春天还会远吗?”这句名言出自英国的哪位作家(　　)

A.雨果　　B.拜伦　　C.雪莱　　D.普希金

4.现在的中学生都喜欢看侦察小说，那《福尔摩斯探案集》是谁的作品呢?哪国人?(　　)

A.柯南道尔，英国　　B.哈代，英国　　C.柯南道尔，美国　　D.哈代，美国

5.不负民族气节，在苏门答腊岛被害的现代著名作家是(　　)

A.沈从文　　B.郁达夫　　C.徐志摩　　D.柔石

6.下列不是“吝啬鬼”的是(　　)

A.严监生　　B.葛朗台　　C.希礼　　D.阿巴贡

高一年级下学期期中考试(节选)

七、语言表达(8 分)

21.简述《三国演义》中能体现“骄兵必败”主题的一个故事。(4 分)

22.假如你回到三国时代，你想成为曹操、刘备、关羽、周瑜?还是孙权、诸葛亮、鲁肃、赵云?还是其他人呢?

请说出你的观点和理由，字数不少于 80 字。(4 分)

九、写作(60 分)

23.根据下面的题目写一篇作文，要求：文体为议论文；观点鲜明，层次清晰，论证充分；字数为 800～1000 字。

《由“刘备三顾茅庐”想到的》

高二年级上学期期中考试(节选)

一、文学素养考查(6 分,每小题 1 分)

1.下列不属于《人生》中的人物的一项是(　　)

A.巧英　　B.秀莲　　C.巧玲　　D.德顺爷

2.“一枝红杏出墙来”,打一《红楼梦》里的人名(　　)

A.元春　　B.迎春　　C.探春　　D.惜春

3.下列以地名指称人物的一项是(　　)

A.杜工部　　B.范文正　　C.王右军　　D.韩昌黎

4.李白的诗风是(　　)

A.沉郁顿挫　　B.豪迈奔放　　C.通俗易懂　　D.桀骜不驯

5.下列说法不正确的一项是(　　)

A.“煮酒论英雄”中曹刘的对话充分反映了二人性格:曹操咄咄逼人的谈吐体现了他诡诈阴鸷、骄横霸气的性格,同时也展示了一个政治家的踌躇满志与高瞻远瞩;刘备立志复兴汉室但此时寄人篱下,所以在故作木讷中处处设防,在谈吐中步步后退,在危急时刻巧渡难关,体现了他机智从容、大智若愚、韬光养晦的性格。

B.诸葛亮:足智多谋,料事如神,谋略超人;下知地理,上晓天文;深谙政治,精通军事,善于外交,具有经天纬地之才。早在隐居隆中时,就对天下大势了如指掌。他不仅有隆中高论,而且能实际用兵。第一次在博望坡就出奇制胜,以区区九千人马,一举用火攻打败了夏侯惇的十万大军,一下子就扭转了刘备集团长期以来军事上的被动局面,同时也使得当初就对他冷眼旁观并不服气的关羽、张飞,也不得不刮目相看、“拜服”再三。

C.关羽:待人处事的原则集中体现为一个“义”字。这个“义”,既包含对刘蜀集团的忠诚,对“上报国家,下安黎庶”誓言的恪守,也包含“有恩必报”的人际关系准则。作品中表现关羽这种“义气”的情节主要有两个:一个是“千里走单骑”,另一个是“华容道放曹”。这就是毛宗岗在《读三国志法》中大加称赞的“独行千里,报主之志坚;义释华容,酬恩之谊重”。

D.曹操:喜欢玩弄权术,将权术玩弄于股掌之间。寿春伐袁术时,曹军与袁军相持月余,粮食“不敷支散”,曹操便让管粮官王垕以“小斛散之,权且救一时之急”。管粮官王垕遵令而行，激起了各寨大小将士的愤怒，纷纷传言丞相欺众。他暗中派人探得消息，不惜割发代首来稳住军心，平息众怒。

6.下列说法不正确的一项是(　　)

A.周瑜让诸葛亮三天造三十万支箭，却不给充足的材料和人力，本是想以此构陷，但诸葛亮妙算天象，用草人布在船的两侧，趁第三天大雾潜入曹营，曹操多疑，不敢贸然出兵，便放箭攻击，于是天明雾散，诸葛亮白得曹操十多万支箭，命士兵大喊：谢曹丞相赐箭。

B.诸葛亮隆中对策，向刘备提出跨有荆益、三分天下、联吴抗曹的立国之策，表明了他的政治家的远见，军事家的战略眼光，后来的形势发展完全证明其谋划的正确可行。

C.袁绍与曹操的官渡之战、魏蜀的赤壁之战、吴蜀的彝陵之战都是历史上著名的以弱胜强的战例，都采用了火攻的战术。

D.《三国演义》的叙述语言是浅近文言，“文不甚深，言不甚俗”，能够雅俗共赏，因而其中的故事能广为流传，主要人物也都家喻户晓。

22.阅读《红楼梦》十二金钗判词，写出相应的人名。(6分)

(1)可叹停机德，堪怜咏絮才。玉带林中挂，金簪雪里埋。(2人)

______________、______________。

(2)才自精明志自高，生于末世运偏消。清明涕送江边望，千里东风一梦遥。______________。

(3)凡鸟偏从末世来，都知爱慕此生才。一从二令三人木，哭向金陵事更哀。______________。

(4)事败休云贵，家亡莫论亲。偶因济刘氏，巧得遇恩人。______________。

(5)欲洁何曾洁，云空未必空。可怜金玉质，终陷淖泥中。______________。

高二年级下学期期中考试(节选)

22.《红楼梦》阅读题。(4分)

晴雯是一个性格鲜明的丫头，下列情节与她相关的有：______________(只填序号)

①因柳氏不给炖蛋而带人大闹厨房；

②病补雀金裘；

③千金撕扇；

④重病之时被撵出大观园；

⑤"抄检大观园"时扇了王善保家的一耳光；

⑥铰下指甲并和贴身内衣交给宝玉；

⑦告诉麝月以后要防着坠儿，"变个法子打发出去就完了"。

八、作文(60分)

23.阅读下列材料，自选角度，自拟题目，写一篇作文。

路遥在《人生》的扉页中引用了作家柳青说过的一句话："人生的道路虽然漫长，但紧要处常常只有几步，特别是当人年轻的时候。"

你对此有何看法，有何联想，有何触动？请结合《人生》中高加林的经历，选择一角度构思作文，自主确定立意，确定标题，不少于800字。

(二)考试形式的改革

语文考试的方法，既取决于考试内容又取决于考试目的。考试方式可以是多种多样的。综合起来可以概括为两种：单一型和综合型。

所谓单一型考试，是指每次考试的内容只有单项，专门考查学生的某一项语文能力或语文知识，可以是演讲比赛，也可以是名著分享、朗诵比赛等等。这种考试是根据具体的教学安排和进度进行的，而且一个学期可以多次进行。这样的单项考试要求学生全部参加并将成绩记录在案，并允许考得不好的学生自愿多次补考，一直考到满意为止。

所谓综合型考试，是指期中、期末这种大型考试。要求考试内容结合阅读文本，既要有基础知识又要有能力题目，尤其是侧重表达的主观题目。

(三)考试评价的改革

语文考试评价在整个教学过程中起着重要的激励、调节、导向作用。怎样评价学生成绩是关键所在。恰当的、合适的评价能够促进学生学习，能够激发其学习兴趣，能够让学生感受到一种学习的成就感；反之，则会挫伤学生的学习热情。

评价范围主要包括三个方面：平时考查、观察并记录；期中、期末考试；课外学习。我们强调对学生学习过程的考核，在学生语文成绩的评定中突出平时成绩的价值。对学生平时语文成绩的考核评价应充分考虑到学习行为的复杂性和学生学习努力情况的不可测性，以及学生思维的多样性等，宜粗不宜精，以模糊为主。同时课外知识有助于深化课堂语文学习，所以语文成绩评价中不能忽略课外知识学习。课外语文学习指课外语文实践活动，例如，参观、访问、考察、写作，查阅工具书，上网查阅资料，课外阅读文学名著，等等。

第六章　“四段式”单元整合任务群设计案例

“四段式”单元整合教学使学生的语文能力和综合素质得到了全方位提高，比如观察能力、表达能力、搜集资料的能力、情感态度、价值观和人生观等。这一做法陶冶了学生的情操，摆脱了以往语文教学脱离学生实际、脱离社会生活、千篇一律机械操作和训练的怪圈，使学生的学习积极性得到了实在的提高，真正成了学习的主人，在教学实践中涌现出一系列精彩纷呈的教学案例。

第一节　《红楼梦》小说品读教学案例

宁阳四中　郑吉刚

【核心素养】

在指定范围内选择阅读一部长篇小说。通读全书，整体把握其思想内容和艺术特点。从最使自己感动的故事、人物、场景、语言等方面入手，反复阅读品味，深入探究，欣赏语言表达的精彩之处，梳理小说的感人场景乃至整体的艺术架构，理清人物关系，感受、欣赏人物的精神世界，体会小说的主旨，研究小说的艺术价值。

【学习目标】

1.了解《红楼梦》的简介、作者及其研究意义和阅读价值。

2.初步掌握《红楼梦》整本书阅读的方法和注意点。

【学习重点】

分享、交流红楼梦阅读的心得、体会。

【情境导入】

播放《红楼梦》电视剧插曲《葬花吟》。

赏析：

《葬花吟》是《红楼梦》女主人公林黛玉所吟诵的一首诗。这首诗通过丰富而奇特的想象，暗淡而凄清的画面，浓烈而忧伤的情调，展现了黛玉多愁善感的性格、矛盾痛苦的内心、细微复杂的心理，表达了在生与死、爱与恨等复杂的斗争过程中焦虑不安的体验和对生命迷茫的情感，给读者留下了深刻的印象，同时也展现了作者曹雪芹杰出的文学才能。

导入语：

《红楼梦》是我国古典小说的巅峰之作，即使用“前无古人，后无来者”来形容也不为过。它给后世的很多作家以启蒙，可以这样说，有《红楼梦》之后，很多人才知道怎么写东西：如何构建一个庞大的小说体系，如何在这个庞大的结构中塑造典型人物，如何在这些人物身上寄托自己的思想等。《白鹿原》《废都》等长篇小说，哪一位小说家没读过《红楼梦》？哪一位小说家的书中又少得了《红楼梦》的影子？但《红楼梦》的伟大之处就在于，即使后世这么多作家学习它，从它身上汲取营养，但是从没有哪一部作品能真正超越它，它至今位于文学的最顶端，如同一颗明珠，光照千秋。

时至今日，研究《红楼梦》对我们而言仍然有不可替代的重要作用，它对我们了解世态人情、涵养传统文化、提高个人文化素养都有重要价值。今天，就让我们走近红楼，一探虚实！

【自学环节】

学习活动一：了解《红楼梦》简介、作者。

1.《红楼梦》简介

《红楼梦》是我国古典四大名著（另外三部是《三国演义》《水浒传》《西游记》）之一，属章回体长篇小说，成书于清乾隆四十九年甲辰（1784 年）。

梦觉主人序本正式题为《红楼梦》，也称为《石头记》《情僧录》《风月宝鉴》《金陵十二钗》等，是我国古代最伟大的长篇小说。最初的《红楼梦》是以手抄本形式流传，只有前八十回。

《红楼梦》续书种类高达百余种。最为红学界关注的版本是《脂砚斋重评石头记》，现通行的续作是由高鹗续全的一百二十回《红楼梦》。

2.了解作者

曹雪芹（1715～1763年），清代小说家，名霑，字梦沅，号雪芹，又号芹圃、芹溪。祖籍辽阳，先世原是汉族，后为满洲正白旗“包衣人”。曹雪芹的身世是一个历史之谜，在红学界后期考证中有众多说法，其中以两种说法为主：一为曹项遗腹子，二为曹頫之子（以胡适《考证》为代表）。曹雪芹生于康熙朝1715年左右，在南京江宁织造府随其父度过一段繁华的少年时光，后因家难穷困不堪，居住于北京西郊。最后竟至无药而医，卒于1764年左右，年寿还不足50。曹家百年旺族，而一代天才、文学大师曹雪芹最后竟因无药可医而卒，世态炎凉，可悲可叹，天妒英才，竟至于斯！

3.了解创作背景

《红楼梦》诞生于18世纪中国封建社会末期，当时清政府实行闭关锁国政策，举国上下沉醉在康乾盛世、天朝上国的迷梦中。这时期，从表面上看来好像太平无事，但骨子里各种社会矛盾正在加剧，整个王朝已到了盛极而衰的转折点。

在康熙、雍正两朝，曹家祖孙三代总共做了58年的江宁织造。曹家极盛时，曾办过四次接驾的阔差。曹雪芹生长在南京，少年时代经历了一段富贵繁华的贵族生活，但后来家渐衰败，雍正六年（1728年）因亏空得罪朝廷被抄没，曹雪芹一家迁回北京。

回京后，他曾在一所皇族学堂“右翼宗学”里当过掌管文墨的杂差，境遇潦倒，生活艰难。晚年移居北京西郊，生活更加穷苦，“满径蓬蒿”，“举家食粥酒常赊”。《红楼梦》一书是曹雪芹破产倾家之后，在贫困之中创作的。创作年代在乾隆初年到乾隆三十年（1765年）左右。

【互学环节】

学习活动二：了解《红楼梦》的研读意义、阅读价值。

第一，《红楼梦》是传统文化的结晶，是生长于中国五千年文化中的一棵大树。《红楼梦》集知识、思想、哲学于一体。研究《红楼梦》其实就是把《红楼梦》作为引子来研究中国社会、中国历史、中国文艺、中国哲学、中国美学等，换言之，也就是研究整个中国的传统民族文化。这是红学研究的第一大意义之所在。

第二，红学研究的意义还在于人们能从中找到人生终极追问的自我答案。当人们追问存在的终极意义的时候，当人们探讨传统思想的艰难历程的时候，每个人都能在《红楼梦》中找到自己所需要的答案，每一位追问者都能从中找到自己所需要的关怀。

第三，红学研究的意义也在于它能展示中国传统学术流派的演变史。中国是学术大国，传统学术经历了先秦子学、两汉经学、魏晋玄学、隋唐佛学、宋明理学、清代朴学等多个阶段。中国现代学术是以红学研究为开端的，从此把学术史分为传统学术史和现代学术史。

第四，红学研究的意义还在于通过一部《红楼梦》聚集国际国内众多的文学家、美学家、经济学家、哲学家、史学家、政治家、军事家、医学家、管理学家、社会学家的智慧与灵光，把他们的治学方法、治学态度、专业专攻一起融会贯通于中华优秀传统文化之中，从而建立一种博采众长的学术体系，使中华文化更为光彩夺目。

【导学环节】

学习活动三：合作探究，交流《红楼梦》阅读及鉴赏的方法。

(1)首先必须要了解你想要评论的小说，深读、细读。

(2)了解作者的写作背景也很重要，因为从中能够找到一些写作目的的影子。

(3)鉴赏小说的艺术手法。

(4)评论该小说的写作风格。

(5)分析欣赏作者的文笔、文风等。

(6)分析该小说的文学价值。

(7)找出你觉得经典、有价值的片段加以阐述。

(8)分析作者人物刻画的力度、对事件的分析评述。

学习活动四：合作探究，交流《红楼梦》人物的点评技巧。

点拨：(1)传统点评法：眉批，也就是批在书页上方空白处；旁批，即批在句子旁；尾批，就是批在一段之后。(2)研读点评角度：人物形象评传、文化习俗探寻、诗词曲赋品鉴、主题意蕴探究等。

【测评环节】

《红楼梦》众多人物之中，你最喜欢哪一位呢？请大家从看过的篇章中选择一位人物，写出自己的心得体会，认真书写，限时15分钟。

例文示例：

贾宝玉人物赏析

贾宝玉是中国文学史上最丰富复杂的艺术形象。曹雪芹在宝玉未出场前，借贾雨村之口说：贾宝玉是一个“时代的怪胎”。大家都知道，贾宝玉极具闺阁风貌，表里都透露着脂粉气，“周旋在姐妹中及侍儿之间”。贾政说他是个“酒色之徒”；贾敏所知道的宝玉是“顽劣异常，内帏厮混”；警幻仙子和贾雨村对他的评价稍稍脱俗，前者说他是“闺阁良友”，后者说他是“情痴情种”“逸士高人”。但终归还是带有个人的兴趣点和局限性。

《红楼梦》里的人对贾宝玉所做的盲人摸象般的评价，也反映了读《红楼梦》的人对贾宝玉的局限性理解。当然，也有高明的读者认为：贾宝玉是反封建的叛逆者；贾宝玉是追求自由、平等的人道主义者和理想主义者，他的痴情表现的是对恋人、友人、亲人以及对万事万物的博爱；有人说，宝玉最后的遁世，表现的是人类特有的一种自己赖以生存的最珍爱的东西被彻底摧毁，理想彻底幻灭所带来的剧痛过后的最终平静。综上所述，宝玉身上的一切，表明的是人类所具有的共性，人类社会每个人身上所具有的秉性及现象都涵盖在宝玉一个人身上。

宝玉是曹雪芹用生命的祭礼塑造的人本性的爱的化身。而作者的痛苦正在于他清楚人的本性的爱是没有出路的。出家当和尚、做道士（甄士隐）是皇室社会为宝玉早已备好的结局，逃不出如来佛的手心。作者写宝玉，可以理解为是把已毁之心诉诸笔墨，用艺术的爱寻求一种自毁方式的解脱。所以作者写此书时，疯、狂、痛、血洗悲号，兴来执笔狂歌。

相关链接：最不可错过的《红楼梦》评点人——脂砚斋

脂砚斋，是《红楼梦》抄本系统《脂砚斋重评石头记》的主要评点者。脂砚斋的批语在红学界称为“脂评”或“脂批”，有脂砚斋批语的抄本被称为“脂本”，脂评本是最贴合曹雪芹思想的《红楼梦》版本。但脂砚斋其人是谁，与《红楼梦》的作者曹雪芹是什么关系，迄今未形成一致看法。红学界主要有这几种说法：一是作者说，二是妻子说，三是叔父说，四是堂兄弟说，五是密友说。

原文再现：

（宝玉和黛玉）二人正说着，见湘云走来笑道：“爱哥哥，林姐姐，你们天天一处玩，我好容易来了，也不理我一理儿。”林黛玉笑道：“偏是咬舌子爱说话，连这二哥哥也叫不出来，只是爱哥哥爱哥哥的。回来赶围棋，又该着你闹‘幺爱三四五’了。”宝玉笑道：“你学惯了他，明儿连你还咬起来呢！”

脂评示例：

脂砚斋批道：可笑近之野史中，满纸闭月羞花、莺啼燕语。殊不知真正美人方有一陋处。如太真之肥、飞燕之瘦、西子之病，若施于别个，不美矣。今见“咬舌”二字加以湘云，是何大法手眼，敢用此二字哉？不独不见其陋，且更觉轻俏娇媚，俨然一娇憨湘云立于纸上，掩卷合目思之，其“爱”“厄”娇音如入耳内。然后将满纸莺啼燕语之字样填粪窖可也。

【展评环节】

学生展示自己的阅读心得，分享交流。

(1)每组推选一名同学，在班级内轮流展示分享。

(2)每名同学展示分享后，其他小组要进行点评。

(3)班级共推选出五篇心得，上传至宁阳四中高中语文公众号，供大家学习交流。

以下是部分优秀作品展评。

学生展评一：

玉带林中挂，金簪雪里埋

☆人物名片☆

姓名：薛宝钗

性格：处事淡然，做事无情；稳重平和，恭顺体谅；圆滑隐忍，深明大义。

姓名：林黛玉

性格：敏感、细心、淡泊、真实、易伤感，绝顶聪明，悟性极强，自尊自爱，多愁善感。

判词：可叹停机德，堪怜咏絮才。玉带林中挂，金簪雪里埋。

“可叹停机德，堪怜咏絮才。玉带林中挂，金簪雪里埋。”是《红楼梦》中薛宝钗与林黛玉共同的判词。

薛宝钗是“金陵十二钗”之一，幼时家庭富裕，天资聪慧，博学宏览。在大观园中，薛宝钗才情出众，所作诗赋大气浑厚，在诗歌比赛中多次夺魁。她品格端庄大方，容貌美丽，肌骨莹润，举止典雅，能得到贾府上下的夸赞。

薛宝钗是封建社会标准的封建淑女的形象，是封建礼教忠诚的信仰者、自觉的执行者和可悲的殉道者。曹雪芹先生塑造的薛宝钗的基本特征，既复杂而又丰富多彩。看似淑女的典范，而骨子里却颇有愤世嫉俗的性格因子。

宝钗被喻为大观园中艳冠群芳、雍容华贵的牡丹花。作为女儿家却“从来不爱什么花儿粉儿的”。她房内的摆设连贾母都嫌太“素净”了，而宝姑娘自有其“孤芳自赏”的见识。在曹雪芹的笔下，薛宝钗绝非一个概念化的“冷美人”，而是一个血肉丰满、活色生鲜、有着复杂性格的“真人物”。

林黛玉可以说是我国古代才女的化身。当然，林黛玉还是一位绝艳的美女，她的多愁善感与她的瘦弱多病共同塑造了她的诗人气质。多愁添病，善感伤身，多愁善感也增添了她的智慧，林黛玉越聪明，也就越痛苦。一个忧郁的、聪慧的女孩，对外界的感知比较容易倾向于主观武断，时常伴随着情绪化的臆测，那就是敏感了。

多愁即善感，善感即敏感，正是超强的敏感让她对肮脏的社会保持着高度的警惕，与邪恶的人性拉开了最大的距离，从而最终自绝于悲惨世界，毅然决然地“杀”死了自己。不过林黛玉还是实现了那个圣洁的愿望——“质本洁来还洁去，强于污淖陷渠沟”，浊臭的社会不能玷污她，就连死亡也不能扭曲她那颗高傲的心灵。

假如宝姐姐的心像一张蜡纸，永远晕不开一朵云彩样的泪痕，那么林妹妹的心便有“丝绵蘸胭脂，洇得一塌糊涂”的嫣然百媚。黛玉与宝钗乃两峰对峙，双水分流。宝姐姐与林妹妹都在我心中留下了浓墨重彩的一笔，让我难以忘怀。

学生展评二：

粉面含春威不露，丹唇未启笑先闻

☆人物名片☆

姓名：王熙凤

性格：王熙凤是一个个性鲜明的女人，集聪慧、能干、狠毒、欲望于一身，这就是王熙凤的主要性格特点。

判词：凡鸟偏从末世来，都知爱慕此生才。一从二令三人木，哭向金陵事更哀。

在顷刻之间，王熙凤既“细细打量”黛玉，称她生长得“标致”，又为黛玉母亲亡故而流泪，责备自己不该引起贾母伤心，又问黛玉读书、吃药情况，又关照下人给她搬东西、打扫屋子等，一系列明快的描写，已使我们一开始就看到这个人物的性格。

做贾府的当家媳妇是不容易的，在那些长辈、平辈、小辈、本家、亲戚和男女奴仆之间，都有着极复杂的矛盾，若不具有独到的权术机变，一个孙媳妇辈的年轻女子会被压的粉碎，可她凭着自己的才智与苦心，竟能够见风使舵，多方应付。

她的婆婆邢夫人要她去向贾母为贾赦讨鸳鸯做妾，她很巧妙地摆脱了。王夫人疑惑大观园中的绣香囊是她所有，她很委婉地洗刷了。王善保家的怂恿着王夫人抄检大观园，她心里觉得这样不妥，也伤害了作为荣府当家奶奶的面子，于是她就站在侧面，消极参加，留给探春去给王善保家的以迎头痛击。

学生展评三：

求助贾家非志短，朴实卖傻逗人欢

☆人物名片☆

姓名：刘姥姥　　别称：母蝗虫

性格：聪明、风趣幽默、社交能力强、有胆识、知恩图报等。

身份：刘姥姥是中国古典文学名著《红楼梦》里的人物，王板儿之姥姥。一位具有非凡公关才能的老太太。

刘姥姥是《红楼梦》中一个贯穿首尾的特殊人物，她性格复杂，神采独具。她见证着荣府贵族由世末繁荣走向最后败落的历程，是作者精心设计的小说总体架构的一部分。

从她与周瑞家的周旋中，我们看到了她的庄户人的精明、世故与圆滑；从她见凤姐的忐忑不安和“忍耻”的应答中，我们看到了她天性中的质朴以及若隐若现的庄户人的心计。

刘姥姥的那些在荣府女眷眼中看似可笑的言谈举止，虽不免有乡下人的少见多怪，但其中更有着不少是大观园主人们在荣府生活的圈子里永远无法感知的事理。

王熙凤和大观园的小姐丫头们故作聪明，挖空心思地拿刘姥姥打趣取乐，其实她们不过是刘姥姥在故作傻呆的表演时哄弄取悦的对象。

初进贾府的刘姥姥是一个让人感到可笑的小人物。饱经风霜、备尝艰辛、年届古稀的姥姥打通各个关节才得以进到贾府，见到熙凤。切莫小看了这位能豁出老脸的农妇，她后来能千里救巧姐，那可不是一般人能做到的。

多年前的一顿饭，二十两银子，还伴随着一些冷眼和嘲讽，也足以让她信守报恩的诺言。贾府败落，前途未卜，府中人死的死，逃的逃，亲戚故旧唯恐避之不及，刘姥姥却顶风冒进，不绝恩义。她的扶助弱小的道义，她的知恩图报的信念，她的救人出水火的侠义心肠，还有她的宽厚、仁慈、朴素，她的义无反顾都让我们为之唏嘘，感动不已。从她的身上我们看到了人世沧桑，看到了冷酷社会里的一丝温情，看到了黑暗世界中仅有的一线光明。

她用自己羸弱的身躯书写了一个大大的“人”字。

第二节　周国平散文品读教学案例

宁阳四中　　王晓敏

第一课时　品读·仰望

【阅读目标】

1.广泛阅读周国平的经典散文，了解作家的生平简介。
2.阅读散文集中的经典篇目，背诵周国平的经典语录。
3.圈点批注文章中经典的语句，并且摘抄在读书笔记上。

【阅读形式】

1.默读周国平的生平事例，并且摘抄经典语录。
2.默读周国平的经典文章，摘抄经典语句。
3.能够提炼出15句周国平经典语录，并且在短时间内强化记忆，教师抽查。

【阅读过程】

一、情景引入，激发兴趣

人生最低的境界是平凡，其次是超凡脱俗，最高是返璞归真的平凡。

——周国平

尽管人的智慧有其局限，爱智慧却并不因此就属于徒劳。智慧的果实似乎是否定性的：理论上——“我知道我一无所知”；实践上——“我需要我一无所需”。然而，达到了这个境界，在谦虚和淡泊的哲人胸中，智慧的痛苦和快乐也已消融为了一种和谐的宁静了。

——周国平

二、明确要求，指导阅读

(1)静下心来阅读，了解作者周国平的创作风格以及生平事例，并且抓住重点进行记忆。

(2)阅读以上文本，能够圈点批注经典语句，复述文章大致内容，并且能够将经典语句摘抄在读书笔记本上，要求摘抄不少于3页。

(3)阅读时，精读《把我们娱乐死》《临终的苏格拉底》《两种自信》《简单》，并且从以上阅读的文章中精选一个段落在小组内朗读分享。

(4)假如周国平散文在文学大赛中获奖，请你为他写一段颁奖词，不少于50字。

三、圈点批注，摘抄语句

学生根据老师要求，阅读相关文章，利用一节半的时间完成阅读与摘抄，教师巡回辅导。

四、展示朗读，积累语言

学生阅读后，拿出第二节课的后20分钟时间，选取阅读中最喜欢的语段出声朗读，并且在小组内依次轮流有感情地朗读，推选出优秀同学，或者找出小组内共同喜欢的语段展示朗读，分享阅读中的精华，促进同学们对语言的积累。如：

我的日子真的很安静。每天，我在家里读书和写作，外面各种热闹的圈子和聚会都和我无关。我和妻子女儿一起品尝着普通的人间亲情，我对这样的日子很满意，因为我的心境也是安静的。

也许，每一个人在生命中的某个阶段是需要某种热闹的。那时候，饱胀的生命力需要向外奔突，去为自己寻找一条河道，确定一个流向。但是，一个人不能永远停留在这个阶段，随着年岁增长，人的生命会越来越精神化。

现在我觉得，人生最好的境界是丰富的安静。安静，是因为摆脱了外界虚名浮利的诱惑。丰富，是因为拥有了内在精神世界的宝藏。创造的成就，精神的富有，博大的爱心，而这一切都超越于俗世的争斗，处在永久和平之中。这种境界，正是丰富的安静之极致。

我并不完全排斥热闹，但是，热闹总归是外部活动的特征，而任何外部活动倘若没有一种精神追求为其动力，没有一种精神价值追求为目标，那么，不管表面多么轰轰烈烈，有声有色，本质上必定是贫乏和空虚的。我对一切太喧嚣的事业和一切太张扬的感情都心存怀疑，它们总是使我想起莎士比亚对生命的嘲讽：“充满了声音和狂热，里面空无一物。”

第二课时　思考·感悟

【阅读目标】

1.背诵周国平散文中的经典语句，并且能够结合文本进行鉴赏。

2.进一步拓宽视野，分享周国平的经典美文。

3.在读书笔记上写出自己阅读作品时的感悟与思考，提升读写能力。

【阅读形式】

1.先采用小组内交流的形式，分享课下阅读《善良　丰富　高贵》中其他的经典美文，以带动广泛阅读。

2.在读书笔记上对自己在阅读中感悟最深的语句进行鉴赏与评价，形成书面材料。

3.将语句鉴赏在班内进行交流，促进同学们对文本的理解与把握。

【阅读过程】

一、推荐美文，拓宽视野

让学生自由交流，在阅读《善良　丰富　高贵》时，说出你最喜欢的一篇文章。

要求：我喜欢《×××》，因为《×××》这句话中……

（目的是让学生思维碰撞，拓宽学生阅读视野，同时培养他们听、说、读、写的能力。）

二、鉴赏评价，感悟提升

从自己摘抄的读书笔记中任选五段语句，进行赏析。要求标清序号，注明出处，并且鉴赏清晰，结合文本，有理有据。例如，赏析《记住回家的路》中的一段文字。

原文展示：

一个人有了坚实的自我，他在这个世界上便有了精神的坐标，无论走多远都能够找到回家的路。

赏析评价：

一个人有了坚实的自我，他在这个世界上便有了精神的坐标，无论走多远都能寻找到回家的路或一个人拥有了自己的心灵世界，就会明确行动的方向，无论面对怎样的诱惑和压力都能够保持清醒。

在小组内分享自己的鉴赏评价，然后互相补充完善，推荐优秀作品在班内进行交流，同学们经典的鉴赏评价借助投影仪以及黑板板书在全班内讨论、完善。

教师分享自己的阅读鉴赏：

周国平的散文集《安静》，对比昔日的《守望》和《朝圣》，似乎来得更为纯粹和彻底。我喜欢《安静》，不仅缘于这个诗意化的词语，更是惊羡“安静”这样一种境界。周国平在书中说道：“人生最好的境界是丰富和安静，安静是因为摆脱了外在的虚名浮行的诱惑。”正是这种对追求的执着让我更深切地感受到安静的无比珍贵。

依照通常的情况，安静这个命题到了哲学家手里，总会演绎成生存与死亡的挣扎。然而，周国平却能轻而易举地将安静的氛围融入书中的每一篇文章、每一行文字，让我刚打开书页，就已经不能释手。在周国平的随性抒写下，安静成了一种天然的存在。年龄长久的提炼和沉积，让其内心更为充盈，使其生命摆脱浮躁而逐渐趋于安静。也正是因为如此，注定了安静不是一种瞬间的偶得，而是从最深的绝望中寻找最美丽的惊喜，这是一种成熟人生的境界。

在深夜里读周国平散文，点一盏台灯，泡一壶香茶，跟随他去寻找安静。安静不是一瞬间的偶得，安静需要心灵的创造。在书的目录里，我发现了久违的亲切话题：幸福、艺术、执着、平淡、智慧、死亡、存在……书中处处遗留着哲学和散文的痕迹。这两者时而平行，相互对望相互倾慕；时而相交，绽放出无声的思维火花，令人心旷神怡。书中，他所展现的人生体验与读者所关切的世间感悟的词语外壳上，没有一个“安”字，也没有一个“静”字，但它们都毫不例外地与安静的距离最短。周国平所期待的，正是这样的一种充满乐趣的安静。生活中只要有乐趣为伴，我便不会感到寂寞难耐，因为我会觉得，这安静，怎么品味都别有情趣。

三、背诵积累，丰富语言

以下是经典段落摘录：

我们当然可以用不同的尺度来衡量历史的进步，例如物质财富的富裕，但精神圣洁肯定也是必不可少的一维。正如黑格尔所说：“一个没有形而上学的民族就像一座没有祭坛的神庙。”没有祭坛，也就是没有信仰，没有神圣的价值，没有敬畏之心，没有道德的约束，人生唯剩纵欲和消费，人与人之间只有利益的交易和争斗。它甚至不再是一座神庙，而成了一个吵吵闹闹的市场。事实上，不仅在比喻的意义上，而且按照字面的意思理解，在今日中国，这种沦落为乌烟瘴气的市场的所谓神庙，我们见得还少吗？

在一个功利至上、精神贬值的社会里，适应取代创造成了才能的标志，消费取代享受成了生活的目标。在许多人心目中，“理想”“信仰”“灵魂生活”都是过时的空洞词眼。可是，我始终相信，人的灵魂生活比外在的肉身生活和社会生活更为本质，每个人的人生质量首先取决于他的灵魂生活的质量。一个经常在阅读和沉思中与古今哲人文豪倾心交谈的人，和一个沉湎在歌厅、肥皂剧以及庸俗小报中的人，他们肯定生活在两个绝对不同的世界上。

人是一个被废黜的国王，被废黜的是人的灵魂。由于被废黜，精神有了一个多灾多难的命运。然而，不论怎样被废黜，精神终归有着高贵的王室血统。在任何时代，总会有一些人默记和继承着精神的这个高贵血统，并且为有朝一日恢复它的王位而努力着。我愿把他们恰如其分地称作“精神贵族”。“精神贵族”曾经是一个大批判词汇，可是真正的“精神贵族”何其稀少！尤其在一个精神遭到空前贬值的时代，倘若一个人仍然坚持做“精神贵族”，以精神的富有而坦然于物质的清贫，我相信他就必定不是为了虚荣，而是真正出于精神上的高贵和诚实。

周国平是一位哲学家，但他的哲学绝不是高高在上、不食人间烟火的，绝不是故弄玄虚的。他是一个充满了诗情画意的人，他擅长用文学的形式谈哲学，执着地探索着现代人精神生活中的普遍困惑，观照着人们心灵的历程与坎坷。读过这些深入浅出、平易之中多有理趣的文字，我们会恍然大悟，在纷繁的世界中，人性、生命、家庭与亲情这些人生的宝贵财富，其实才是最值得我们重视与珍视的……

第三课时　运用·迁移

【阅读目标】

1.通过了解周国平的生平事例，探究作家与作品的关系。

2.能够结合周国平以及作品中的语句，写一段议论性的文字。

3.读写集合,提高语文素养,提升自己的人生境界。

【阅读形式】

1.先回顾前两课时的阅读内容以及鉴赏评价,然后从议论文的角度自选话题进行议论文片段写作。

2.结合高考作文题目,对周国平经典语录进行审题训练,抓住周国平经典语录的精髓。

【阅读过程】

一、口头交流,感受魅力

阅读周国平的作品后,他的形象在我们脑海中定格,他的作品中传递着文化,他的语言中带给我们很多启迪,下面让我们用最美的语言赞美他——周国平。(学生口头表达)

周国平经典语录:

(1)有的人一生接连遭到不幸,却未尝体验过真正的悲剧情感。相反,表面上一帆风顺的人也可能经历过巨大的内心悲剧。一切高贵的情感都羞于表白,一切深刻的体验都拙于言辞。大悲者会以笑谑嘲弄命运,以欢容掩饰哀伤。丑角也许比英雄更知人生的辛酸。

(2)一个人倘若从来不想认识自己,从来不肯从事一切无望的精神追求,那么,工作绝不会使他成为完人,而只会使他成为庸人。

(3)凡人群聚集之处,必有孤独。

(4)爱和孤独是人生最美的两支曲子,两者缺一不可。无爱的心灵不会孤独,未曾体味过孤独的人也不可能懂得爱。

(5)诗人之于诗人,就在于他们对时光的流逝比一般人更加敏感,诗便是他为逃脱这流逝自筑的避难所。

(6)摆脱时间有三种方式:活在回忆中,把过去永恒化;活在当下的激情中,把现在永恒化;活在期待中,把未来永恒化。

(7)然而,想象中的永恒并不能阻止事实上的时光流逝。所以,回忆是忧伤的,期待是迷惘的,当下的激情混合着狂喜和绝望。

(8)青春未必全是甜吻和鲜花,有这样一些敏感的心灵,对于它们,青春意味着平生第一次精神危机,意味着某种幻灭和觉醒。

(9)我们渴望过程背后的目的,或者省悟。过程背后绝无目的的时候,我们都会对过程产生疏远和隔膜之感。然而,我们又被黏滞在过程中,我们的生命仅是一过程而已。我们心不在焉而又身不由己。这种心境便是无聊。

(10)虽然人生有许多缺憾,生而为人仍然是世上最幸运的事,人生最大的遗憾便是终有一死。生命太短暂了,太珍贵了,无论用它来做什么都有点可惜。总想做最有意义的事,足以使人不虚此生、死而无恨的事,却没有一件事堪当此重责。但是,人活着总得做点什么。于是,我们便做着种种微不足道的事。

(11)人生终究还是免不了无聊。

(12)一个人获得了举世称羡的成功,自己对这成功仍然不免发生怀疑和厌倦,这是天才的可靠标志。

(13)幸福就在于最大限度地穷尽人生的各种可能性。

(14)浮生若梦,何妨就当它是梦,尽心地梦它一场?世事如云,何妨就当它是云,从容地观它千变?

(15)聪明人嘲笑幸福是一个梦,傻瓜到梦中去找幸福,两者都不承认现实中有幸福。看来,一个人要获得实在的幸福,就必须既不太聪明,也不太傻。人们把这种介于聪明和傻之间的状态叫生活的智慧。

(16)一个不曾用自己的脚在路上踩下脚印的人,不会找到一条真正属于自己的路。

二、读写结合,迁移运用

(1)结合作品,具体分析周国平散文创作的方法,写在读书笔记上。

(2)自定角度,运用周国平作品中的经典语言作为论据,写一个不少于200字的片段。

(3)以“我读周国平散文有感”做副标题,自拟主标题,写一篇文章,不少于800字。

三、展示交流,升格提高

(1)先将自己写的议论文片段在小组内交流,小组内用红笔互相批改,修饰润色一下语言,调整一下段落内的语序,丰富一下段落内容。

(2)组内推荐优秀作品进行展示交流,教师进行指导。

学生优秀作品展示:

在安静中求索　在寂寞中奋争

——我读周国平散文有感

宁阳四中　2015级20班　王传成

周国平是我很喜爱的作家。看他的书是高一时候的事,现在回想起来,他的书用思考与哲理给我浮躁的心情增添一股沉静的清泉。

安静不是毫无变化的静止,尽管它常常逗留在某一风景的边界上。曾经以为周国平对爱的解读是最精巧最灵秀的。在他的旧作《人与永恒》里,爱情如同林中的溪水,点滴入耳,超凡脱俗,令人怜惜。溪水渐入佳境,再无仙气,似乎将要干涸。不过后来在安静中想想,爱确实应该在人间,在人的身边,在人的心底,这样的溪水比在林中更踏实了。爱,应该踏实,应该长流。

“我的怪癖是喜欢一般哲学史不屑记载的哲学家,宁愿绕开一个个曾经显赫一时的体系的颓宫,到历史的荒村陋巷去寻找他们的足迹。”周国平曾经这样形容自己对爱默生的向往。同样,我也乐意用这句话来表达对周国平先生的仰慕。少年时代的周国平有幸进入多少人所梦寐以求的北大,在那如此深沉丰盈的人文环境和氛围下成长。在“文化大革命”时期,他又在深山里安静思考,与圣贤先哲交流,和花草虫鱼对晤,在那样的社会环境和经历下,他完成了对思想的构建,对灵魂的提炼。大宁静产生了大孤独,大孤独催生了大智慧,智慧和从容又让他完成了一种内在的超越性的突破。时至今日,在我们生活的世界,利益的驱动超越一切,物质的诱惑淹没精神的愉悦,连学界也已成为喧闹的名利场,我们很难再听到来自心灵本真的呼唤——如此浮躁的社会里,安静就会显出多么的珍贵,守住一份宁静又是何等不易。

且看《孤独的价值》《智慧和信仰》《诗人的花园》《人的高贵在于灵魂》,这都是我赞赏的篇目。虽不是通篇说“安静”,但还是能够看出周国平在这本书中一贯的人文追求。质朴平实又不失诗的光华,畅达深邃渗透着哲学的智慧。正是这样一种风格,使他摆脱了纯学术的艰涩而实现了对哲学本身的突破。

关于“安静”,周国平写下了这样的文字:“人生最好的境界是丰富的安静。安静,是因为摆脱了外界虚名浮利的诱惑。丰富,是因为拥有了内在精神世界的宝藏。”“我对一切太喧嚣的事业和一切太张扬的感情都心存怀疑,它们总是使我想起莎士比亚对生命的嘲讽:‘充满了声音和狂热,里面空无一物’”。现在想来,真是至理名言。

其实,无论世界,无论我们生活的周围变得如何的喧嚣与躁动,哪里又找不到一片安静的角落呢?关键还是我们自己愿不愿意去寻找,或者说找到了又能否守得住自己的这一份宁静。即使我们无法在现实中找到安静,至少我们还能保持一份心灵的恬淡,还可以守望自己的精神家园。倘若这一方领地也终失守,人生真的会充满痛苦与无奈。

我会再读周国平的《安静》。夜深人静的时候,静静地翻开这样一本《安静》,去品味书中对人生、灵魂以及人性的感悟。

第四课时　铭记·展示

【阅读目标】

1.阅读周国平相关评价,进一步丰富关于周国平的阅读内容。

2.归纳周国平创作的方法,提升自己的鉴赏水平。

3.能够背诵周国平经典语录,并且净化自己的心灵,提升人生境界。

【阅读形式】

1.利用周末大阅读的时间完成周国平经典语言在高考话题中的运用和创作。

2.“读散文,悟人生”学生讲坛,让学生结合自己的作品进行分析。

3.阅读“走近周国平”的相关材料,进一步丰富关于周国平的相关知识。

【阅读过程】

一、学生舞台,作品展示

(1)回顾周国平的作品《丰富的安静》,谈一下该文中对自己触动最大的语句是什么?为什么?

(2)阅读《丰富的安静》中的经典语句,以小组为单位讨论下面两段语句的妙处。

安静,是因为摆脱了外界虚名浮利的诱惑。丰富,是因为拥有了内在精神世界的宝藏。创造的成就,精神的富有,博大的爱心,而这一切都超越于俗世的争斗,处在永久和平之中。这种境界,正是丰富的安静之极致。

我对一切太喧嚣的事业和一切太张扬的感情都心存怀疑,它们总是使我想起莎士比亚对生命的嘲讽:“充满了声音和狂热,里面空无一物。”

二、教师引导,提升能力

(1)关于“宁静”的名言:

人生的本质就在于运动,安谧宁静就是死亡。——[法]帕斯卡尔

无所事事并非宁静,心灵的空洞就是心灵的痛苦。——[美]库柏

虔诚不是目的,而是手段,是通过灵魂的最纯洁的宁静而达到最高修养手段。

——[德]歌德

智慧最明显的标志就是恒定的欢乐,它的境况有如目外的景物,永远的宁静。

——[法]蒙田

(2)联系现实,精彩感悟。

学生一:

然而,正如香港传媒人梁文道所说:“浮躁是这个时代的集体病症。”当浅尝辄止成为思维定式,急功近利成为文化景象,喧嚣肤浅成为喜闻乐见的行动方式,人们势必不会用心而行,无处安放心灵的执着、理性、深刻。许多青年人好高骛远,不能安放心灵于当下,相反对工作对学习百般挑剔;学者们无法安心于研究,不能全心于探求学术真谛,纷纷提着裙边、蹬着锃亮的皮鞋穿梭于灯红酒绿的晚会;官员们不能安放心灵于为民服务,贪污腐败,在盲目追求政绩的道路上迷失。当心灵被物质的琐屑蒙翳,用心的行为在文明的浮华下委顿不堪,也就失去了成就一路风景的所有根基。

学生二:

说到陶渊明的生活状态,许多人会联想到写《瓦尔登湖》的美国人亨利·梭罗。陶渊明比梭罗早一千四百多年,而且陶渊明生活在农耕时代,梭罗却生活在后工业时代,但两人的生活态度却有相似之处,他们都抵拒物质享受的引诱,并回归自然去过简朴的生活。

但是陶渊明的境界更高一层。梭罗独自跑到瓦尔登湖边去隐居,那儿寂寥无人,只有草木虫鱼为邻,《瓦尔登湖》中的一章就题为“寂寞”。陶渊明追求的却是“心远”。在陶渊明看来,要想远离喧嚣的红尘世俗,不必躲进深山老林,只要保持清静、安宁的心态就可以了。

不妨说,梭罗是在空间距离的意义上追求远离红尘,陶渊明却是在心理距离的意义上做同样的追求。所以梭罗的行为事实上是无法仿效的,如今的地球如此拥挤,我们能到哪里去寻找一个瓦尔登湖呢?陶渊明的行为则具有典范的

意义，因为只要你超脱外在的诱惑，"心远"是随时随地都能付诸实施的。哪怕你身居熙熙攘攘的现代都市，哪怕你把家安在"水泥森林"中的一间公寓，你同样可以实现心境的宁静。

学生三：

泥泞诞生了跋涉者，它给忍辱负重者以光明和力量，给苦难者以和平和勇气。一个伟大的民族需要泥泞的磨砺和锻炼，它会使人的脊梁永远不弯，使人在艰难的跋涉中懂得土地的可爱、博大和不可丧失，懂得祖国之于人的真正含义：当我们爱脚下的泥泞时，说明我们已经拥抱了一种精神。

第三节　人物传记阅读教学案例

宁阳四中　郑贞

【阅读目标】

1.熟悉人物，并识记人物事迹、掌握人物特点。

2.学会将人物素材准确地运用于作文中。

3.学习优秀人物不怕艰难困苦并在磨难中成长的优秀精神，提升自己的品格。

【教学过程】

一、激情导入

读名人传记，最能激发人志气，且于应事接物之智慧增长不少，古人所以贵读史者以此。

——梁启超

今天我们一起品读人物传记，交流展示我们的阅读成果。

二、优秀颁奖词展示

1.习作优点

(1)能突出人物特点，抓住精神内涵。

(2)语言工整。

(3)内容深刻。

(4)饱含情感。

2.朗读优秀颁奖词

3.朗读并背诵“有关磨难的名言”

困苦能孕育灵魂和精神的力量。 ——[法]雨果

只有经过地狱般的磨练，才能炼出创造天堂的力量。只有流过血的手指，才能弹奏出世间的绝唱。 ——[印度]泰戈尔

患难困苦，是磨炼人格之最高学校。 ——梁启超

成功的花，人们只惊羡她现时的明艳！然而当初她的芽儿，浸透了奋斗的泪泉，洒遍了牺牲的血雨。 ——冰心

故天将降大任于是人也，必先苦其心志，劳其筋骨，饿其体肤，空乏其身，行拂乱其所为，所以动心忍性，增益其所不能。 ——（战国）孟轲

苦难对于天才是一块垫脚石，对能干的人是一笔财富，对弱者是一个万丈深渊。 ——[法]巴尔扎克

三、人物素材的运用

1.习作优点：

(1)题目就是中心，一目了然。

(2)首段提出中心，做到了首尾呼应。

(3)材料丰富，运用准确，有人物传记的积累，也有自己的拓展。

(4)书写工整、认真。

2.学生展示自己的优秀作品。

3.“磨难造就人才”的其他事例：

(1)学生发言。

(2)《名人传》中贝多芬、米开朗琪罗和托尔斯泰，尼古拉·阿列克塞耶维奇·奥斯特洛夫斯基，越王勾践，苏秦，曼德拉……

四、阅读提升

1.南非国父——曼德拉

(1)阅读有关曼德拉的素材。

(2)给曼德拉写颁奖词。

(3)颁奖词展示。

2.思考

电影《肖申克的救赎》中，当瑞德获得假释出狱后，由于已经被监狱生活体

制化，不适应社会生活，十分绝望，曾经想到再次犯罪，以便进入监狱。对瑞德来说，几十年监狱生活的代价，就是他已经被社会抛弃。

而曼德拉经过28年的监狱生涯后，却一跃成为南非总统。你怎么看待曼德拉28年的牢狱生涯？

（讨论各自的认识）

优秀作品展示：

（1）崔艺《苦难让人生更美丽》

（2）曹丹妮《苦难造就伟人》

（3）朱蕾《用倔强雕刻苦难》

（4）胡晓冉《经历风雨方见彩虹》

（教师总结认识）播放音乐《光辉岁月》，并观看曼德拉简介视频，深刻认识曼德拉面对人生苦难乐观有为的一生。

3.朗读提升认识

曼德拉是一位有着伟大人格精神，充满思想智慧，有着大智大勇，也有着大海一样的心胸，同时又是那样悲天悯人，充满着人性化关怀的人。

在他的长达28年漫长的牢狱生涯中，他始终做不妥协的斗争，同时又有极有耐心。他以人类的慈爱面对他所遇到的一切不同的人，包括折磨与虐待他的那些看守、警察与监狱管理人员。他不是把他看成是仇人，而是与他一样同样受到压迫、不得解放的人。

他认为一切人都是可以改变的，即使那些负责专门迫害他的人。这使人想起《圣经》上说过的：“要爱你的仇敌，为那逼迫你们的人祷告。这样，就可以做你们天父的儿子。因为他叫日头照好人，也照歹人；降雨给义人，也给不义的人。”“你们若单爱那爱你们的人，有什么赏赐呢？就是税吏不也是这样行吗？”正是因为有这种宗教的精神力量，使得他即使在监狱里，他的心境也是平和宁静、充满感召力的。他在监狱时就被称为“世界总统”，有极高的威望，即使那些负责看守他的人，也对他的伟大人格充满着敬畏之情。他曾经说：“当我走出囚室迈向通往自由的监狱大门时，我已经清楚，自己若不能把痛苦与怨恨留在身后，那么其实我仍在狱中。”

正是这种悲天悯人的“博爱的精神”，成了曼德拉的精神支柱，让他在如此漫长的牢狱生涯中，以一种异常坚定的信念坚持下来。

他不仅是为黑人争取权利和地位，他争取的是人类的平等，并不赞成一部分人或一个人种去欺压另一部分人或另一个人种。而且“牢狱生涯反而让曼德拉心胸更开阔"。一颗乐观包容的心,即使是身处磨难重重的地狱,也能开垦出一片阳光明媚的乐园来!

第四节 "谋士"系列阅读教学设计

宁阳四中 刘娜

一、课前演讲,点评交流

(温馨提示:一言之辩,重于九鼎之宝;三寸之舌,强于百万之师。)

俄国作家托尔斯泰:"没有智慧的头脑,就像没有蜡烛的灯笼。"培根:"求知的目的不是为了吹嘘炫耀,而应该是为了寻找真理,启迪智慧。"智慧像悬在精神深处的皎洁明月,早已照彻了人们的心性。今天就让我们荡起知识的双桨,撑着智慧的方舟,走进谋士专题阅读课。谋士,就是为国家出谋划策,成就大业之人,他们一般有远大的谋略和谨慎的心思,为自己的君主提供卓有成效的计策。请同学们谈谈所了解的谋士故事,分享给大家吧!

二、走进故事,了解谋士

(温馨提示:真积力久则入。)

请同学们结合阅读学案的第一部分以及自己的了解,谈谈你所熟知的谋士故事。

例:

姜太公钓鱼,愿者上钩;赤壁之战;服帛降鲁梁……

在井陉之战中,韩信取得作战胜利,关键在于他能够充分发挥主观能动性,有计划地制造和利用赵军的错误,巧妙地掌握士卒"兵士甚陷则不惧,无所往则固,深入则拘,不得已则斗"这一心理状态,奇正并用,背水列阵,灵活用兵,出奇制胜,速战速决,从而一举全歼赵军。

【设计意图】通过积累人物素材,培养学生表达能力和写作能力。同时,重视情感、态度、价值观的正确导向,培养学生高尚的道德情操和健康的审美情趣,形成正确的价值观和积极的人生态度。

三、名句诵读,启迪人生

(温馨提示:我思故我在。)

诵读学案的第二部分，背诵自己喜欢的句子。

例：

志毋虚邪，行必正直。

夫君子之行，静以修身，俭以养德，非淡泊无以明志，非宁静无以致远。

飞鸟尽，良弓藏；狡兔死，走狗烹。

……

选取句子，谈感悟（可联想，可议论）。

四、思维碰撞，深化认知

（温馨提示：独学而无友，则孤陋而寡闻。）

1.交流收获

结合故事和有关语录及评论，请用“从谋士的……故事中，我看到了……”的句式谈收获。（如变换思维、爱国担当、忠诚、忍让、低调谦逊、韬光养晦、淡泊、击弱思维、知己知彼、灵活创新、长远目光……）

例：

忍让：张飞不会忍让惹来杀身之祸，正像之前刘备所说：“卿刑杀既过差，又日鞭挝健儿，而令在左右，此取祸之道也。”西汉末年刘秀大败王郎，攻入邯郸发现辱骂信件后选择忍让，以德服人化敌为友，壮大自己的力量，最终成就帝业。正所谓忍一时风平浪静，退一步海阔天空。

谦逊：文彦博先后在仁宗、英宗、神宗、哲宗四朝皇帝身边任高官，资格相当老，功劳相当大，地位相当高；但他从不居功自傲，只是尽心尽力地做好自己分内的事情。如此谦逊的品德，令人钦佩。同时，文度博也正是凭着这种自律和节制，远离了是非，善始善终，表现了为人处世的大智慧。

2.探究共性

时代与谋士的关系如何？

曼斯坦因：当年二战后期德国之所以能够在短短一个半月的时间里就击败法国，靠的就是纳粹德国三大名将之一的战略天才曼斯坦因制定的“曼斯坦因计划”。要知道，当时的法国有着马奇诺防线，曼斯坦因正是看中易守难攻的阿登山脉，从而轻松地撕开了法国人的防线，最终法国也选择了投降。

【小结】16世纪英国诗人约翰邓肯：“没有人是一座孤岛，可以自全。”浪花根植于波浪之中，因而永开不败，而火花突出个人则一闪而逝。时代为谋士的产生滋生土壤，而他们也推动了社会的发展，他们是纷繁历史长卷上永恒的生命者，汇聚成亮丽的风景线，无论怎样大浪淘沙，沧海桑田，将会永远镌刻在历史的深处，随大江滚滚，奔腾不息。

推荐视频：

易中天《百家讲坛之三国谋臣》

严锴《谋士的哲学》

马骏《马骏讲三十六计》

五、思接当下，素养提升

（温馨提示：一个有思想的人，才是力量无边的人。）

小组讨论展示，如才德说、淡泊说、谦逊说、忠诚说……

例：

有一种能力只属于智慧者拥有，那就是洞察力。越是位高权重，越容易惹得群妒人怨，树敌越多，仕途艰险，如履薄冰，如临深渊，随时可能身遭不测。所以说，张良“功成身退”是一种非常高明的处世之道。须知，得失在一念之间。有人贪恋富贵，放不下名利，结果作茧自缚，跌入万劫不复的深渊。老子说：“是以圣人为而不恃，功成而不处，其不欲见贤邪。”是说，圣人有所作为而不会恃功而骄，功成名就而不自居，也不愿意炫耀自己的贤德。大道自然，张良正是顺应了“道”。

联系当今人物完成小练笔，如任正非、屠呦呦、宋玺、林俊德、林鸣……

例：

①南仁东——赤诚归国绘宇宙，一生奔波为天眼。

20 世纪 90 年代，当世界各国都在纷纷建造更精密先进的射电望远镜设备的时候，中国在这一领域却是远远落后的，最大的射电望远镜口径仅有 25 米。在目睹了其他国家的先进技术后，南仁东决定，在祖国的土地上建造一个最大的单口径射电望远镜。这一试，便是整整 22 年。由于世界上从未有先例，一切都要从零开始。首先是启动 FAST 的选址工作。历经十余年的跋山涉水，南仁东终于找到了独一无二的最适合 FAST 建设的台址。

②作为编队唯一的女子特战队员赴亚丁湾护航，这个春天，“能文能武”的北大学生宋玺成了热点人物，她的故事有如阵阵和风涤荡人心，宋玺和她身后的很多中国军人带着“国系 90 后”的新标识走进人们视野。他们换上戎装、热血卫国，作为家国一分子，真切诠释着一种“不甘当局外人”的格局与担当。

③低调是为了生活在自己的世界里，高调是为了生活在别人的生活里。只

有心底充满自信和底气的人，才能做到低调，并且安于低调。在收敛锋芒中，掌控自己，掌控生活，然后不紧不慢，活得优雅从容。她们明白，倘若在嘈杂纷乱的生活中沉沦太久，就会错失身边的美好，也会渐渐迷失自己。保持一份淡定和宁静，于无声处听惊雷，于无色处见繁花。

【小结】才能是在寂静中造就，而品格则是在世间汹涌波涛中形成。才智之民多则国强，才智之士少则国弱。生活像条河，谋士的智慧就是河中的一朵朵五彩的浪花；社会像座山，谋士的智慧就是山上的一棵棵郁郁葱葱的大树。“贤人在而天下服，一人用而天下从”，他们用自己卓越的智慧和胆魄，为子孙后代留下了源远流长、历久不衰的精神瑰宝。

“无穷的远方，无数的人们，都和我有关。”青年人的担当和使命，更要求我们在看见日常生活里的“苟且”时，也把“无尽的远方、无数的人们”当作“与我有关”，如此，才能真正带我们抵达所期许之“见自己、见世界、见众生”的境界。

【设计意图】利用谋士身上的闪光点进行引导，培养学生逻辑能力、发散思维能力。

【教学反思】本节课特点是发挥学生主观能动性。本课堂容量较大，重点是同学们在批判思考中了解谋士的相关故事，在“静心、潜心、醉心、痴心”的阅读中让学生积累与深入理解，让躁动的心灵趋于宁静，浮躁的灵魂归于平和，让自己的脚步多一些从容稳健，领略到旅途上的美妙风景。只有把功夫下在平时，对相关基础和拓展知识有了一定的积淀，写起文章来才能得心应手。

第五节　学生学习成果作品展示

在“四段式”单元整合的教学实践中，学生的语文素养得到全面的提升，涌现出一大批写作高手。他们在语文报杯、创新杯、叶圣陶杯等全国作文大赛中，多次创造佳绩，多人次获国家级一等奖、二等奖。下面所选文章都是在历次大赛中的获奖作品。

“无罪之城”

宁阳四中　高二16班　程子其

清晨，温柔的阳光透过层层叠叠的树叶，洒满安详的老木屋，和煦的春风拂过大地，轻轻叩开小屋的窗户，一位女人在为丈夫孩子准备早餐。她先看了看在门外等候多时的早报。

报纸头条赫然写着:欧洲功臣发现新大陆,斯考特侦探遣散“无罪之城”!看到这儿,她露出一种难以捉摸的微笑……

“呜——”海上传来了沉重而冗长的汽笛声,一艘行驶了十天十夜的客轮终于到达了目的地。伴随着缓慢蠕动的人流,我们亲爱的郝德先生踏上了这座小岛——斯芬迪勒克岛——“无罪之城”。

这是一个拥有着八十万人口的小岛,在地图上只是一片神秘海洋,这里没有任何法律和道德的约束。

郝德本是英国一个小镇的无业游民,整日衣食无忧。他素喜绿色的装束,内衬紫色衣服,有时还要戴顶绿色的礼帽,手里挎一根漆木的拐杖,似乎时时要出席什么盛大的节日。他长得很清秀,身材很苗条,说话总是细声细语,不看他的身份证明的话,估计不少人会弄错了他的性别。他每天都早早地出门到外地,直到很晚才回来,总是一副行色匆匆的样子,像一阵绿风。

直到一个外地的农民途经这里,才揭开谜底:原来,这位“自由人会”的会员,整日仰仗着“人会”的名义,去别的镇子上“伸张正义”——先是挑拨两家人的关系,使其反目成仇,自己再从中斡旋,收取“协调费”。这种手法居然屡试不爽,久而久之,手里也就阔绰了。当他的这些事儿被公之于众后,全镇的人就把他驱逐了。

现在,郝德先生乘着“温莎号”奔向“无罪之城”,那个他花了“重金”才找到的后路,来享受梦寐以求的生活。

船行至岸,透过舱窗向远望去,乌云密织,淅沥雨点沉重的脚踩在黏稠的海风中,只把天空染深了几分;工厂排水口,将乌黑的废水源源不断的补给到海里。郝德拎着手包轻松地上了岸。

城市的陈设与别处无异:高楼大厦,车流不息。

第一天,他到车行租了一辆“兰博基尼”,那是不是真的“兰博基尼”他并不关心,只要那车上的标志是“兰博基尼”就行了,反正是用来装点门面的。工作人员拿出了合同,只见上面写着“于3月15日前来还车,否则罚款10万美金”,他没有在意,随手潇洒地签上了自己的名字。

他开着车行驶在宽阔的马路上,脸上是那样的灿烂,心情是那样的惬意,嘴里哼着小调,手上打着响指。忽然,来到了十字路口,他猛地一下踩住了刹车,可是,旁边的行人也好,车辆也好,都若无其事地前行着,仿佛那红灯就是个摆设,他不由得爆了粗口:“他娘的,你们怎么一点规则也不讲!”

好心情并没有受到影响，他开着车继续闲逛。下一个路口，红灯亮了，再停车的话，估计会被后边的人骂成傻子。他刚要加速，突然，从旁边蹿出一辆破旧的自行车，摇摇晃晃地倒在了他的车前。他赶紧停车，去看看那位被他“撞到”的中年人。中年人显然没有受伤，但他的那个痛苦的模样，让郝德害怕了：“莫不是遇到了碰瓷的。”果然，围上了一群人，他们七嘴八舌，纷纷指责郝德，并且放出狠话，要么赔钱，要么送到局子里。经过一番讨价还价，郝德用 1 万美金私了了。望着那群远去的背影，郝德气得牙根疼：“你们会不得好死的！”

按照惯例，心情不好的时候，他会大吃一顿，当然，是“霸王餐”。他总是点上满满的一桌子菜，吃饱的时候，他会让盘子里出现一个苍蝇或者其他的动物，然后威胁老板，要去卫生局告他。通常情况下，他总是以胜利者的姿态走出酒店。然而今天这招仿佛失灵了，那个服务生死死地盯住他，让他无处下手，他是带着满腹的气把自己的肚子吃撑的。结账的时候，郝德吓了一跳，那份虾明明是 58 元，怎么成了 580 元？那份银鱼汤明明是 38 元，怎么 3800 元？老板笑眯眯地说：“大虾是按只卖的，不是按份卖的，一只 58，十只当然是 580 了；银鱼汤一样，一条 38，一盆汤里有 100 多条，收你 3800 算少的！先生，付钱！”看着满脸横肉的老板和在案板上将刀拍得当当响的厨师，他只好乖乖地认栽了。

在这个“世外桃源”里生活了不到一天，他那些“辛辛苦苦”赚来的钱就花掉了一多半，看起来，他得重操旧业了。

天气逐渐转凉，因着“工作”需要，郝德想为灵巧的双手“买”副新手套。他大摇大摆地走进了福姬商店。只见他先去里间架了顶鸭绒帽，回来时顺道经过手套专区，抻出两指娴熟地罩了两罩，晃了两晃，便嘴角微微一扬！来到柜台，一番客套之后，又最终退掉了帽子。

转身刚跨出店门，却突然被女店员叫住了：“先生！”郝德心里一惊，莫不是被她发现了？他下意识地摸了摸大衣肩袖的手套和临走时藏在袖口的一串精致手链，最终还是放弃了逃走的想法，强作镇定转身回来。而女店员却举了一只鳄鱼皮的提包说：“先生，您的钱包掉了。”郝德暗自舒了口气，自己把注意力都集中在那串手链上了。

“噢，老天！我太粗心了，您瞧，我连那珍贵皮包都掉了！”

接包时，郝德用眼偷瞟到，女店员左手食指旁侧有一层肉茧若隐若现，不由得吓了一跳——那是惯使指刀的同行的标记。“技高不内斗！”“不如将手链还了，卖她个人情，日后也好来往。”想到这儿，他便从袖口中拎出那串手链，故作庄重而悄无声息地挂回去。女店员会心一笑，指指郝德的钱包，又指了指自己左手上的肉茧。郝德心里又一惊，“莫非……”他急忙打开包：几卷零钱、一支万宝龙钢笔、胸针、领带……唯不见一块小巧的镜子，抬头一看，正在女店员手里玩弄着。

“请您把它给我！”郝德自知功力不胜，不如委曲求全。而女店员丝毫不以为意，郝德后腰一较劲，两只手飞奔店员而来，三招五式之后，女店员躲得干净利落。

突然，郝德在包中抽出一张名片，煞有介事地对女店员说：“不瞒您说，这位是我朋友——源华名企董事长尼格玛先生，再不还，我现在就给他打电话！”

尼格玛的大名，整个城市都喊得震天响！

女店员一愣，随即一躬，双手将镜子送上：“先生……”郝德没等她将话说完，一把抓了就走。

“等一下，先生，您的手表！”郝德下意识一回头，只见女店员正握着自己的手表。他惊得站住了。

看郝德还站在原地，女店员更紧张了：“那…那好吧，先生，既然您都知道了……”随即从她自己的袖口里掏出几张卡，“……这是您的银行卡，”“还有……医疗卡，”“嗯，您左下方的口袋里的几张收据单，我不小心也拿出来了……现在都还给您。”“先生，请您不要怪罪，先生，我给您赔不是了……”哪还有平日里的趾高气扬。

郝德只感到一股寒意从脚底蹿到头顶，也不记得自己是如何回的旅馆，他躺在小床上，一躺就是三天。

三天后，正好是3月15日，到了他还车的时候了。车行老板拿出了合同：“先生，车，你还晚了，按照合同，你要支付10万美金的罚款。”“合同上，不是写着‘于3月15日前来还车，否则罚款10万美金’”“对啊，3月15日之前还车，今天是3月15日，你晚了。”他一下子晕倒了。

“呜——”海面上依旧波涛汹涌，而天空中薄薄的雾层却遮不住四散的阳光。三天后恰有一艘轮船返回英国，郝德已在其中。

船抛锚时，他久久凝视着斯芬迪勒克的方向，突然伸手划破了自己的脸皮——厚厚的脸皮下竟还有一张精致的脸！

刚寻到定所，她便迫不及待地向政府写了一封举报信。

看着手中的报纸，她又想起了数月前收到的政府回信：致莱茜尔小姐——

一点寒芒先到，随后枪出如龙

宁阳四中　高二18班　　杨子恒

他翻了个身，却依旧难以入眠。习惯了行军途中的坚硬皮革，柔软的锦缎让他十分不适。

皎洁的月光如银辉般洒在庭院前的石阶上，勾起了他对往事的无限回忆。

“父老乡亲们，今天下大乱，有愿意和我一起建功立业、投奔仁义之主的就一起走吧！”是的，就是在那一天，那个务农的少年提起了银枪，披上粗糙的革甲，跨上了劣马，走向战场。那时的他，对未来充满渴望，他把扶汉室之将当作他的责任，他把救黎民于水火之中作为他的使命。退颜良，斩麴义，救公孙瓒，使得他声名大噪。但他很快发现，自己跟随的这个主人胸无大志，平庸无奇，鱼肉百姓。多少次，他彻夜难眠，路该往哪里走？多少回，他凝神苦思，他拥护的那个人，在哪里呢？

诸葛未逢刘先主，终究南阳一耕夫。子龙未逢刘先主，终究常山一莽夫。等了很久终于等到那一天，等了很久终于等到那个人。他被刘备广阔的胸襟折服，他被刘备的宽厚打动。躺在营帐之中，望着满天的繁星，萌发出了一个强烈的念头：帮助他，追随他，为他效命，复兴汉室王朝，让他的仁义传遍天下。

思绪将他拉回到金戈铁马的战场，刀刃相交声，利箭出弦声，厮杀声，血流声……他永远也忘不了那个他险些丧命的地方——当阳长坂坡。他在乱军之中左冲右突，七进七出。身受重伤的糜夫人把阿斗托付给他，投井而死。他把阿斗捆在怀中，飞上战马，握起长枪，向曹军杀去。保护幼主的使命感，仿佛给他增添了无穷的勇气；匡扶汉室的责任心，犹如给他增加了无穷的力量。枪到之处，但见曹兵纷纷倒地；马踏之地，但见曹兵尸体堆叠。鲜血染满了战袍，伤口布满了全身。但他没有丝毫畏惧，没有半点怯弱，依旧威风凛凛，依旧杀气腾腾。历经百死终于杀出重围，饱受疼痛终于追上了刘备。当他双手把孩子交给刘备时，已经精疲力竭，伤痕累累。刘备被感动了，接过孩子往地上一摔：“为汝这孺子，险损我一员大将。”感动、愧疚、自豪、感恩无数种感情涌上心头，他跪倒在地：“子龙虽肝脑涂地不能报也。”

画面一闪，来到汉中。呼啸的寒风刮在他的脸上，头盔上的红缨徐徐飘动。那是汉中之战，曹操大军杀到，而他身边兵少无援，寨中偃旗息鼓，唯他单枪匹马，站于寨前，他的脸色是那样的沉稳，他的眼神是那样的犀利，手中银枪闪着寒气，胯下战马高昂着头颅。曹军胆怯了，害怕了，停止了前进。看着犹豫不前的曹军，他的嘴角上扬，“一点寒芒先到，随后枪出如龙！”战鼓雷鸣，杀声震天，壕中士兵皆突起立，用劲弩射击曹军后军，万箭齐发。霎时曹军溃败大乱，退却相互践踏，坠入汉水，死者甚多。而他以媲美赵奢增垒的开垒、以数千骑击退曹军锋锐的汉水之战也成为一段佳话。刘备惊叹为“子龙一身是胆也”，军中赞其为“虎威将军”。从此以后，“虎威将军”这个名号便伴他一生。

无数记忆的画面涌现交织着，支离破碎着，就如同一株藤蔓飞快地生长，飞快地死亡，突然一切仿佛都破碎，只剩下照进房中的淡淡的月光。他幽幽地叹了口气，手臂举起，仿佛正抓着一杆银枪一般；月光照在身上，就如同身披银甲。虽然僵卧床榻，虽然心力交瘁，但他心不甘，意不移，先主重托未能完成，兴复汉室遥遥无期，他怎能撒手离去，他怎能含笑九泉？刹那间，他血往上涌，头往上抬，一声大吼：“曹贼休走，拿命来！”然后气绝身亡。

夜空之上，一颗将星坠落。

颜回不死　颜回永生

宁阳四中　高一16班　王昭帅

山不在高，有仙则名；水不在深，有龙则灵；城不在大，有名人则众人往矣。宁阳，这座有着2000多年历史的古县城，因为有了颜回，因为有了复圣公园，吸引着越来越多的游客。

其实，颜回的老家是在今天的曲阜。金末元初，颜子五十二代孙颜仙、颜俊、颜和迫于战乱，聚族迁至宁阳西北部泗皋村，颜圣后人在宁阳繁衍生息，烟火旺盛。五十四代后人太平镇巡检颜伟，上书朝廷请求立家庙祭祀祖先颜回。皇帝下旨恩准。从此，颜回在宁阳的影响越来越大了。几年前，宁阳县为了传承以孔子和颜回为代表的中国儒家文化，根植文学的优雅气质，建起了复圣公园。这是全国唯一的以复圣颜回命名的国家4A级旅游景区。

时维九月，序属三秋，在一个晴朗的早晨，我随着爸爸怀着一种朝圣的心情来游览复圣公园。从北门进入，迎面看到的是四道隔开的红墙，上面分别镌刻着“强于行义，弱于受谏，怵于待禄，慎于治身”16个大字。爸爸是一位中学语文老师，他说：“这是孔子对颜回的很高的评价，他认为颜回能做到实行道义时很坚强，接受劝谏时很虚心，得到官禄时戒惧而警惕，立身行事时很谨慎。看似简单的四个要求，却是君子修仁的最高境界。”听了爸爸的分析，我不禁感叹，很多时候，我们遇到困难的时候，就想退缩；别人批评时，总想辩解；得到奖赏时，总是飘飘然；平时做事时，又总是大大咧咧，和颜回相比，我们的差距真是太大了。

走过一段细石铺成的小路，穿过一片竹林，我们来到了春生塘。宋代的大理学家程颐、程颢曾经评论说：“仲尼，元气也。颜子，春生也。”是说孔子的儒家学问是开天辟地的，颜回的儒家学问像春天新生的生命一样充满生机。秋天的春生塘，波澜不惊，水纹不乱，在阳光的照耀下，仿佛一匹鲜艳华丽的锦绸，漂亮极了。两岸红叶似火，似血，把秋天的激情点燃，把秋天的大地染红。游走秋日“春生塘”，我们的眉头舒展了，我们的内心陶醉了，我们的笑容灿烂了。

走在“思勉桥”上，我想象到：“复圣”颜回一生遵循孔子的教诲，勤于思考、自勉自励，最终使自己达到了“圣人”的境界。我们要想有所收获，也应该像颜回那样不断“思勉”。坐在“听雅轩”里，听秋风吹“敬贤林”里树叶响声，听“藏乐湾”前飞鸟鸣叫，我仿佛找到了孔子“听韶乐，三月不知肉味”的感觉。站在“慧明楼”上，俯瞰“明心湖”，荷花婀娜多姿；远观“君子泽”，满目苍翠，真有“登斯楼也，则有心旷神怡，宠辱皆忘，把酒临风，其喜洋洋者矣”的豁达！

看了这么多的景观，听了这么多的介绍，我还是有疑问，颜回，到底凭借什么，让人如此重视？一代代帝王不断加封，一代代大儒研究，就连他的老师孔子在颜回去世后都悲痛欲绝，连声哀叹：“噫！天丧予！天丧予！”这一切，到底是为什么呢？

也许是他的好学善思吧。鲁哀公曾问孔子：“弟子孰为好学？”孔子对曰：“有颜回者好学，不迁怒，不贰过，不幸短命死矣。今也则亡，未闻好学者也。”孔子又曰：“吾与回言终日，不违，如愚。退而省其私，亦足以发，回也不愚。”孔子还说：“一箪食，一瓢饮，在陋巷，人不堪其忧，回也不改其乐。”如果不是对知识极度渴求，如果没有因学习而沉醉其中，谁又能在这样贫困的生活中，乐而忘忧呢？早作晚息，攻读诗礼，追求精进，颜回也因而被孔子认为是门生中唯一可以称之为“好学”的人。

也许是因为他重德行吧。颜子严格按照孔子关于“仁”“礼”的要求，“敏于事而慎于言”。为人谦逊好学，“不迁怒，不贰过”。孔子称赞他“贤哉，回也”，“回也，其心三月不违仁”。颜子生活困苦，“一箪食，一瓢饮”，“回也不改其乐”。宁阳民间有“天降颜山一锭金，外财不发命穷人”的故事，说颜子在路边上看到了一锭黄金，颜子毫不动心，随手写下“外财不发命穷人”，淡然而去。颜子生活困苦，但坚守道义，丝毫不为外财所动。这不正是我们这个民族几千年来所崇尚的吗？

终于走到了公园的南门。那里，塑着孔子和颜回的雕塑。雕塑中，孔子席地而坐，鹤发童颜，端然，肃然，一脸睿智、沧桑；颜回站立一旁，玉树临风，端然，怡然，满面春风。塑像的旁边站满了小学生，中间的导游正在给他们讲着颜回的故事。导游讲得绘声绘色，活灵活现；孩子们听得津津有味，如痴如醉。

此刻，早晨九点钟的太阳照射着塑像，照射着孩子们，整个大地仿佛笼罩在一片金黄之中。我突然想到了一句话，颜回不死，颜回永生。

是的，颜回不死，颜回永生。

塑造

宁阳四中　高二1班　王高驰

我的童年是在一个小乡村度过的。那时，爸爸妈妈去外地打工，我和爷爷奶奶生活在一块。

我生活的村庄叫青川，爷爷说，我们的村址位于赵王河畔平地上，从远处望去，一片青绿之色，所以取名为青川。小村的北面是一座不太高的山，一条小河从村中穿过。

那时候，我们家比较困难，但童年留给我的都是快乐的记忆。春天来了，我跟着爷爷去下地，只见爷爷用足力气，扬起铁锨，那一锨锨粪如天女散花般向地里撒开，壮观极了！我跟在后边，用手掰，用脚踩，那些大块的变小了，爷爷向我投来赞许的目光，我干得更带劲了。闲暇之余，爷爷就给我讲故事，关云长单刀赴会，秦叔宝义薄云天，梁山好汉三打祝家庄……爷爷讲得栩栩如生，扣人心弦，我听得如痴如醉，神魂颠倒。那一个个生动的故事印在了我的脑海里，那一种种侠义的精神种在了我的心田。

最快乐的时候是夏天。天空洒满骄阳，非常炎热，一转眼，黑云来了，接着就是瓢泼大雨。雨点有节奏地落在大地上，打在树叶上，溅在房顶上，发出“沙沙”声响，似窃窃私语，似浅唱欢歌，似风吹叶响，雨停了，小村分外安静。我赤着脚，在村外的泥地上无拘无束地跑着。脚踩在泥浆上，发出“呱嗒呱嗒”的声音，溅起的泥水弄得满身都是，不一会，我就成了“泥猴”。最爱做的事莫过于捏小泥人了。这时候，爷爷给我讲的故事浮现在我的眼前。我用泥巴塑造成一个个鲜活的生命。我捏出了大闹天宫的孙悟空，插上了树枝，风一吹，就像挥舞着金箍棒；我捏出了打虎英雄武二郎，端着个泥碗，仿佛真的醉倒在了景阳冈。场景呢，当然是我说了算——它们或许在满地硝烟的古战场上策马奔腾，兵刃相见；或许在血腥的海岸旁用尸体垒起一座座城墙，抵御海外来敌，保家卫国；又或许忙碌于农田，深耕细作，与人民一起体验劳作之美。这便是一个世界，一个栩栩如生的世界。夕阳西下，一抹晚霞附在天上。那些被晚霞映得通红的形象是那样的高大，那座被晚霞笼罩的城堡是那样的迷人……

后来，我随着父母进城读书了。幸运的是，我到了一所读书氛围浓厚的学校，遇到了一群热爱读书的老师。如果说捏泥人是我在塑造泥人的形象，那么，读书就是书在塑造我的品格。读完《人生》，我懂得了漫长的人生道路，应该怎样走好第一步；纷繁的社会，我们应该树立怎样的人生观、价值观。读完《三国演义》，我明白了什么样的人物是我们应该崇拜的，怎样的行为才是我们应该学习的。读完《活着》，我清楚了生活中不仅有痛苦，有挣扎，有死亡，还有亮色，有希望，有温暖，有感动，有让我们的生命变得倔强的力量，有让我们的灵魂变得不屈的支柱。读完《平凡的世界》，我释然了，再平凡的生活，也可以让他变得有滋有味；再普通的工作，也可以让他变得有声有色；再卑微的人群，也可以让他变得有情有义。甚至，在金庸先生的武侠小说中，我也有了意想不到的收获。读他的小说，我不仅感受到了中华优秀传统文化的博大精深，还能够培养我健全的人格、高尚的情操。从郭靖的身上，我明白，为国为民，侠之大者；从乔峰的身上，我懂得，义字当头，义比命大；独孤求败，我懂得什么才是真正的高手；九阴真经，我知道什么才是真正的绝学；杨过的人生，让我懂得，人可以犯错，但是知错能改，善莫大焉；林平之的悲剧，让我明白，仇恨可以泯灭人性，功名可以分裂精神。我的灵魂一次次地被书塑造，我的精神一次次地被书引领，我的视野一次次地被书开阔。

此刻，我坐在教室里，正读着《钢铁是怎样炼成的》。深秋的阳光透过窗户，照到我的身上，暖洋洋的，是那样的舒服，那样的惬意。我突然又想到了赵王河畔那个捏泥人的小孩……

祈　福

宁阳四中　高三5班　　宁康杰

《尔雅》曰：“九月为玄。”这是我知道的，但九月为何为“玄”，这又是我不知道的。我查遍了“四书五经”，跑遍了私塾书院，至今，还是如坠云雾。“知之为知之,不知为不知”,这当然是对的,于是乎,“九月为玄”就“九月为玄”吧。

但在故乡——添福村,玄月确是个盛大的月份。为什么称“添福”呢?据说,村里有一位姓冯的老学究,突然得了皇上恩赐,封了一个小得不能再小的称号,那天恰是旧历的九月初九。于是,须发皆白的老学究就把“冯村”改成“添福村”了,就把每年的九月初九当成村里的节日了。每年的这一天,村里都要举行隆重的祭拜仪式,祈求冯家福运连绵,后代子孙尽享荣华富贵。

年年如此,今年自然也应该如此。村口的老槐树早已花团锦簇,不时有几片白瓣迎风而去,醉人的香气沁人心脾;一望无际的田间,玉米、高粱、南瓜,那些沉甸甸的果实,仿佛在昭示着丰年大吉,我和母亲正是在这一派祥和中回到了故乡。

到了故乡,当然免不了正在举行的祭拜。祭拜是一种庄严复杂的礼仪,全权由尊长大人统筹。我烦透了那些三叩九拜之类的烦琐的礼仪,趁着还不是集体的祭拜,还是出去逛逛吧,找从前的那些玩伴叙叙旧。家严大人恐怕不同意,于是就和没有资格参与祭拜的闲得无聊的母亲说了一声,偷偷溜出去了。

转了两三个弯,又绕了三四个回廊,方才见得破败的大门,门面上兽面锡环依旧威武,金漆磨得铜环闪闪发亮,“水云长日神仙府,禾黍丰年富贵家”赫然在目,只是对联上的横批没了,不知是被众人刮去还是怎的,现在替上了“繁华依旧”,竟也似乎说得过去。

要论整个冯村最大,我第一个总会想到冯大的家。他的那位受过皇上恩赐的老祖宗,似乎真的给他这一支带来了福气,以后的几代也出了几位朝廷的官员,只可惜传到冯大一辈,家道没落。冯大考了多少年学,连他同龄的也是不清楚了,无奈也只得个监生,回家干起老行当——经商。同时,他又把希望寄托在他儿子身上,悉心培养,只求得能考出高官,光宗耀祖。

冯大只有一个儿子,起了个名字叫世升,估计是盼着他能够重振家风吧。他比我们大两三岁,所以便以哥相称,倒是家中长辈叫他小哥。他倒是平日亲和友善,待人不错,每每总能听到邻乡夸他“善类”。每日都闭门苦读,不知怎的,总也考不上,那便继续考吧。只是冯大脾气很坏,见到我们总是铁青着脸,外出卖东西总要精打细算,买东西却要锱铢必较。对儿子自然也是格外的严,一日不读圣贤书,便是要替天行道,闭上大门便是狠打,随即命令雇来的陪读的人时刻看着,看几次气昏了头,便将他儿子往门外赶。世升小哥也无法,只得四处找工。不过,大家都受了冯大叮嘱,不敢与他做工。有几个人着实可怜他,上门求情也被赶了回来,四处嚷嚷冯大当时的情形。于是乎,到底也没人敢帮世升了,最后世升也只得请了中人,翻墙入院,见了冯大,跪地痛哭,这才饶了这几回。此后整得乡邻皆晓，闲暇之余也总能听见暗暗谈论，倒是他冯大本人毫不在意罢了。

要说尊长在祭拜前到处活动，我们晚生后辈倒便轻闲。各家各户人来人往，甚为热闹，在我离开冯村的几年里，大家的参拜水准似乎有了提高，不过竟更讲究人福天赐一般争先恐后，竟皆不落人下。想必列祖列宗承天之灵正注视着，欣喜地接受着，转身便跑到七福佬处，高声称赞着，便求得后世无限福气，在割食那参圣所用的鸡鸭鱼鹅时，默默地将福气拨散给后世子孙，令他们永享繁荣富贵，倒不觉福气已尽，才只得舍离而去，依旧在天注视着罢了。

未料的是，当我走到冯大家时，却只觉里面安静异常，竟也悄无声息，这已然令我诧异万分了，金色镶边，新木雕琢的朱红色大门，也上了锁。我本想找人问问，但一转念却也罢了，想必总会在参拜的仪式上再见面的，自然也不必过急，慢慢等候便是。

第二天、第三天倒也无趣，便一个人进城拉上过去同窗的几人，去静辟的书院挑几本书去赏，不大一会儿，便有了《豫才全集》《集外集拾遗》等书，预备回家细致品尝。之后便去兴福院一同去吃所谓镇院之宝的福寿全，一人付了一块大洋，便权当伙食了，路上仍回味，回去后便依旧无趣，全凭读这几本国人经典打发时间罢了。

第四天便是要做最后准备了，恰巧家中有一堆旧衣要洗，便令家中雇的长工去洗，我自然不必去，只是闲来无事，便偷着跟去。长工见小主子跟来，诚惶诚恐地劝我回去，但我决心已立，岂可轻弃？长工便立下规矩，只许我旁看着，决不许我插手。这于我倒无妨，便欣然接受，一同前去了。

到了河边，他请我不要走远，只是不许到那河堤旁的大槐树下。用他自个的话便是“这槐树下送了魂灵，是忌讳之地，不要乱去才好”，听这我倒震惊了，从未听说乡里有槐树下老了的人，但长工的眼睛时常斜窥着，我也只好背离槐树走着，偶能见几个妇人在此漂菜，嘴上大声嚷着：“这死鬼，非在这风水宝地送了孽灵，害的乡人无处安身，可恨，可恨！”

我站得远，便想听听他们要谈的是谁。

“听说那小子先是进城打算学点技艺，将来好继承他爷老子的行当？”

“此话实在，但还不是被城里有名的流亡匪子郑盈恒给劫了，那人后头有他官老子，平日专挑乡下来的土人去蒙，这不，一蒙一个准。”

“这笔他们敲了不少啊。冯大那人精明的不行，遇到这帮兵油子，那也得跑前跑后，好说歹说才松了口，放了人，就那牢里关他几十天，瞧把他老子心焦焚喽！”

“现在如何，还不是怕天王老子报复他，早早收拾着云散了，这福气，还能让那种阴人沾上？”

此后便是嬉笑一阵，都是些无关紧要的话，等他们各自散去，我依然有些恍惚，直到长工洗完来叫我，我仍有些闷热。路上，我倒没怎么多言，长工见我面色不佳，便问我是不是搞了路边的苦叶嚼，我摇头，自觉得了打听消息的机会，便问：“冯大家出甚事了吗？”

“噢，这倒没什么，不过世升小哥升天后，冯大便离开了冯村，谁也不知他的去向。”

“升天了？”我刚平定的心此时又狂跳起来，脸色越发难看，手不停搓着衣角问“怎么回事？”长工却不肯告诉我了，我只得将他拉到屋后，逼着要他告诉我，长工见主顾的世孙如此坚持，无奈，只得讪讪地告诉了我后来的事：

原来世升哥被冯大救回来后，冯大气急败坏，认为自己的儿子已然如同死人一般了，便又将他赶了出去，之后的事情便如出一辙了。讨工讨不到，就算要饭也无人施舍，最后竟发现溺死在那槐树下的河里，不清楚是不小心掉进去的，还是怎着。未料又出现世升小哥与村中有名的寡妇泰渊偷情被拒后悲从心起投河自尽的传闻。害的寡妇泰渊整日只敢躲在家里，据说已经有点疯癫了。村里人每每谈论此事，总不免要叹几声，哭两句，便说是读书人面薄，自然放不下脸面。倒是众人都摆上凄凉的神情，顺道骂两句冯大的自私自利，便都散了，回家做活，日子也是接着过了。

听完这些，长工便急忙抽身离开了，只留我仍在呆立，心不知何时已经平静了，头脑也渐渐松懈下来了，这一切即已过去，何必多想？但不知为何总是挥之不去……

最后一天，祭拜是要如期举行的，一大家人穿上做好的绸服，迎着玄月晴朗的阳光，徒步走上两三里路便是，下跪、磕头、致礼、退闭，倒颇显庄重肃穆，不消一会儿便能完事。一众人受了祖宗的福气，全身轻飘飘的，回来得也迅速了，于是各自回去上工，日常打理生活要务，自然不在话下。

原定下午便乘车回去的，家严大人也同意了，距吃饭还有一些时间，无事可干。恰得同乡的冯老六找上门来拜访，我便将其引至厢房，沏了杯浓茶，坐下来细谈最近看的格物之道，致知之理，不觉一个时辰便将过去，我却又突然想到他做过世升哥家的监工，便问道：“老六，我听闻世升仙逝了？”

“咦？你才知道吗，这是确实的事情，冯大恐怕被天地圣众责罚，竟就这般扔下他儿子跑了，可笑，可笑！”

“难道说连葬礼都没置办吗?”

“做人要讲良心,当然要置办了。只是他当时满脸通红,不停哽咽,手上裁块绢布拭泪,到底来竟还是干的!”

“世升是在河里溺死的,你可知原因?”

“这谁都讲不清楚,倒是世升被人发现时竟还有一口气,救上来放担上就往家走。唉,你可不知情呢!”老六卖了个关子,见我催问得急切,才面有难色地讲道:“虽说他还有气,但支支吾吾,满口胡话,尽是些‘魂灵’‘地狱’之类的隐晦之词。就快到家时,也不知怎得,身一直,腿一蹬,一翻身从担上跳了下来,往反方向冲去。可还没跑几步,便一头栽倒在路上,等众人簇拥上来,已然断了气。脸上擦破了皮,全是血,眼也闭不上,额头上还流着冷汗……”

不知怎的,我竟有些不敢相信了,心又开始乱跳,越发心不在焉了。无论如何,我下午决计要走了。

送了客,便去床上假寐,来人叫我吃午饭,也没有去,下午很快便到了。

东西是早就收拾了的,来一趟自然要带上本地名吃,虽极力推辞,仍盛情难却,胡乱塞了几个,向家里人辞行,便是归程了。

离开村子的时候,我又看到了世升的葬碑。此时,太阳已然落下了,夕阳的余晖在遥远的地平线间反复跃动,金黄的树叶铺满了他的坟头。回看村庄,在落日的荫蔽之下,显得格外朦胧,如同虚影,又如浮泡。我不确信了,列祖列宗承天之灵赐下的福气,能引着人们向着无限的光明处前进吗?

锁 链

宁阳四中　高二1班　孟德嘉

太阳以它毒辣而又严厉的眼光俯览世间,审视人间百态,白云们似乎故意不去遮掩这日头的光辉,而与太阳逐渐拉开距离,好像正对毒日头下排成“长龙”的人们幸灾乐祸。

两条锁链坚守在“长龙”两侧,束缚着这看似弱小却又蕴含巨力的队伍。

明哲此时正在“长龙”的三寸,望着它越来越长的尾部不断地摇头:观光车的速度和路途中他看到的无数违规车辆相比,简直就像蜗牛一般,他觉得时间走起来也像蜗牛一般。

不仅明哲,此时组成“长龙”的所有人们都在太阳毒辣的照射下焦灼不安……青年男女们度假的欢乐心情渐渐变化，开始抱怨队伍之长、天气之恶；中年人们眉头紧皱，算着自己何时能登上观光缆车，有没有必要再站在这里；老人们讨论着这一天发生的事，而他们手边的、怀中的孩童们有的大声哭泣，有的无比吵闹，有的还学着大人们的样子皱着眉头，尽管他们亦不知此为何意。纵使如此，太阳也严厉至极，不愿对人们有一点点慈悲。

就在此时，一名中年男子出现了，他看上去似乎拥有“大众脸”，但穿着十分讲究、体面。接下来这位“体面人”在众目睽睽之下，找准了一个时机，就熟练而毫不犹豫地跳过了“长龙”外侧的锁链，以后来者的身份，堂而皇之地站在了“长龙”的前方。察觉到明哲正在瞪着他，他转过头来露出一副抱歉的笑容：“不好意思，行个方便，通融一下！”明哲才发现，除了自己，“长龙”中的人们都对这位“体面人”视而不见，只得作罢，让那“体面人”心安理得地站在自己之前。

太阳，就在这时由严厉和毒辣转变为残暴和凶狠了，而“长龙”依然保持着它原有的“身躯”。白云们加快了它们的舞动速度，仿佛在嘲笑纹丝不动的“长龙”一般。

唯有锁链，依旧束缚着“长龙”，使它不得舒展它那庞大的“身躯”。

有些人已经无法忍受这恶劣的天气而纷纷离去，也有些人坚持留下。但无论是离去者还留下者，此刻都已经烦躁到了极点：本该是快乐的游玩和体验，现在却成为一种痛苦，成了一种煎熬，怎能不叫人烦躁？

锁链，依旧束缚着“长龙”，约束着焦躁不安的人们。然而，它还是受到了过多的注意，有些人已经开始尝试着从锁链外跨出“长龙”走到最前方，年轻的售票员走到他们面前及时地阻止了他们，明哲知道，这里的售票员本来没有这一工作要求的，但是她还是去这么做了。明哲心里称赞她的行为，默默为她点赞！

这蕴含巨力的队伍，一旦真的有冲破锁链之意，仅凭售票员一个人根本无法对抗。

与此同时，几个人的谈话引起了明哲的注意：

一位中年妇女：“唉，真是天公不作美呀！”有一位年轻男子附和道：“就是，这怎么能让人受得了？还要排这么长的队，简直是得不偿失啊！”旁边一位老人叹道：“等一等吧，下一趟车不远了，还是等一等吧。”年轻男子突然说：“现在这样热，我们还被两条链子‘管着’，要不然我们翻过这条链子去，刚才不也有几个人翻吗？”“这不好吧，还是要讲规则吧！”老人惊讶道。“何必呢？都这种时候了，还认死理？”中年妇女撇了撇嘴，在这之后又是一串听起来就好像很正确的“理论”，说得年轻男子和老人都不住地点头称是。

中年妇女“理论”一出，人群突然就安静了一下……这“理论”似乎敲了人们的头一样，仿佛个个都恍然大悟，自以为找到了“真理”似的。而后强烈的躁动就出现了：空气中充满了人们对此的讨论，然而，除了售票员竟没有一个人公然表示反对……包括明哲。人们都动摇了他们原本要遵守规则的想法，终于开始了对锁链的“攻击”。

售票员大喊：“别拽链子！遵守规则！”然而阻止了一个人，另外一个人又开始了“攻击”，售票员一怒之下推了好几个人：“无法无天了，我就不信治不了你们！”听到售票员这样喊，明哲唯恐自己耳朵出了问题，心想：“她还真是个不会说话又不怕事的人！不过就她自己站在规则的一方，努力地维持秩序来看，算是勇气可嘉了！”

场面变得极为混乱，“长龙”已然解体。锁链在人们的“攻击”下，越来越难以阻挡这汹涌的人群。明哲没有去“攻击”锁链，他本来想要上前劝阻人们，然而最后却没能移动一步……眼睁睁看着锁链遭受人们无情的拉扯和践踏，自己虽反对，却终究不敢挺身而出。

终于，随着下一辆观光车的到来，在无情的拉扯、践踏等凶猛的“攻击”中，在人们一声声“不认死理”“讲人情”的“人道评判”中，两条锁链“痛苦而无奈”地被人们终结了它的“使命”，重重地摔在了地上。沉重的碰撞声，使售票员和明哲心里一颤，拥挤的人们也吓了一跳，但却怎么也不肯停下那在没有锁链后似乎很自由的脚步。

人们尽数上车了，只剩下售票员和明哲望着锁链——他们都忘记了自己原打算做的事，望着那落地的锁链，愣愣地站在原地，煞是可笑！

火辣辣的太阳似乎要撕开大地的皮，天气闷热得要命，一丝风也没有，稠乎乎的空气好像凝住，地上仿佛已经着了火，一些似云非云、似雾非雾的灰气，低低地浮在空中，使人觉得憋闷……

远行如诗

宁阳四中　高三2班　朱耀彬

人的生命就是一场远行，在渺渺天地间，如蒲公英一般随风而散。远行途中，喜怒哀乐，皆为行囊。当你走过，你是否发现，自己心中那盏澄灯还泛着明光……

人生的第一场远行便是旅行。迟子健曾在《泥泞》中写道:“我爱这种浑然天成的泥泞。泥泞诞生了跋涉者,它给忍辱负重者以光明和力量,给苦难者以和平和勇气。”这是她的远行,亦是她的选择。“朱雀桥边野草花,乌衣巷口夕阳斜”,行走在南京乌衣巷,我放眼望去,古建筑上已着生了不少青苔,残破的巷子似乎在等待千年的呼唤。我跨过人群,细细体味这沧桑的历史,那旧时王谢堂前燕,已然飞入了寻常百姓家……时光陡然变幻,将我甩入了乌镇。“日出江花红胜火,春来江水绿如蓝,能不忆江南?”我抚着小河边安静沉稳的青石,听着撑船人与南方姑娘的吴侬细语,望着这小河流淌出的小镇。水乡是出了名的恬静,站在桥边,我仿佛听到了那青石阶沉重的叹息。我倚在栏杆上,细细体味着这氤氲的风情。内心似乎一下子变得潮湿起来。眼前一片眩晕,当我回过神来,我已站在西湖旁。“欲把西湖比西子,淡妆浓抹总相宜。”我望着那田田的荷叶,又望向了远方的雷峰塔。塔下真的有白蛇吗?她是否还在苦苦思念心中的男子?想到这里,我的内心竟也泛起了一抹忧伤。我伸手撩动这水波,轻抚岸边细沙。我听见了!是西湖的呼唤!她已沉静湖心,正向我倾诉这百年的情愫。我淡然一笑,开始期盼起这小小的时光转移,下一站目的地又会是哪里呢……我沉醉在这诗意的美景中。

当我走过这长长的旅途,我恍然领悟到,心灵也是一场远行。

“我愿意是激流,我愿意是荒林,我愿意是草屋,我愿意是白云。我愿意是世间万物,只要身边有你的陪伴。”这是匈牙利诗人裴多菲的《远行》,亦是他的心灵征途。

“人生天地间,忽如远行客。”我亦是时间的行人,去追寻内心的澄静。“举世浑浊而我独清,众人皆醉而我独醒。”这是屈原的修行。国君昏庸,民不聊生,家破人亡,屈子早已在这污浊的世间实现了内心的开华。“有心杀贼,无力回天,死得其所,快哉快哉!”还记得谭嗣同生前的呐喊吗?那震慑心灵的声音昭示着他早已冲破封建的桎梏,变成飞鸟,穿云破雾向日飞。他的心灵征途,早已光耀千秋,在历史上留下了遒健有力的一笔。从历史的思绪中回过神来,我若有所思,心中仿佛有股力量,正要冲破束缚。我明白了:心灵的成长往往伴随情感的转化。在我十多年的人生历程中,慢慢与古代仁人志士的情感产生了共鸣,让我懂得尊敬师长,让我学会卑以自牧,更让我有了前行的勇气和力量,以及百折不挠的向阳开的信念。勇敢的人不是不流泪的人,而是愿意含着泪继续奔跑的人。我愿成为一棵大树,忍受风的摧残雨的冲刷;我愿成为一颗种子,坚持在岩缝中,破土萌发。我愿成为世间一切,去拥抱阳光、爱和希望,奔跑在风格雄健的诗的荆棘路上。

当我披荆斩棘、勇往直前时,我慢慢发现,生命呀,才是最长的远行。

“人固有一死,或重于泰山,或轻于鸿毛”,这是司马迁生命的远行;“莫笑老翁犹气岸,君看,几人黄菊上华颠”,这是黄庭坚生命的远行;“我要走了,以后的路,没有我陪你了”,这是我姥姥生命的远行。

姥姥去世三年多了。犹记起那年秋,桂花开得正旺。姥姥陪了我十三年,可最后却没能等到我对她的呼唤。犹记起小时候她给我做的炸酱面,给我缝的小书包,以及当她怎么也记不住遥控器按钮时尴尬的笑。当她的身体平静地躺在玻璃棺中时,我才明白,她再也不能亲昵地喊我一声“彬彬”,便从厨房中端出一大盘鸡蛋饼了。往事如烟,随风而散,可我对姥姥的回忆却扎根在了我记忆的深处。亲人逝去,亦悲亦叹,可我不得不从悲叹中抽身,继续自己的人生。姥姥的去世让我明白:人生是一条长路,你永远背着行囊在探索,从小到大再到老,行囊变大又变小。当你发现行囊已空无一物时,时辰便到了。

其实,我们每个人都在远行,远行在这诗样的生活中。儿时是“小荷才露尖尖角”的清纯,少年是“会当凌绝顶”的豪迈,中年是“风雨不动安如山”的沉稳,老年是“宁移白首之心”的豪壮。

一路远行,与诗意生活相伴;亦悲亦喜,皆是生活无私之馈赠。

我细数少年苦与乐,飒然踏上生命征途……

庭院依在,文化依旧

宁阳四中　高二13班　姜书涵

走出庭院,离开了厚实的青屋,住进了钢筋水泥的城区,一扇防盗门,一把锁,挡住了人与人之间的交流,我时常想起那美丽乡村,美丽的庭院,虽然他们像老照片,底色已经模糊,但一切都清晰可见:压满枝头的杏儿,动听悦耳的鸟鸣,摇曳多姿的枣儿,还有那可爱的雪人,一年四季,青烟袅袅,欢声笑语……庭院中的一切支撑着我的灵魂,延伸着我的思绪。

闭上眼,古老的庭院,一份厚重,一丝沉淀,一份欢笑,一丝清雅。

于是奔出钢筋水泥的城市,奔回故土,只见庭院依在,树木依青。那棵足有上百年的老槐树仍旧像一位安详的慈母荫庇着这一方小院,又如浴血的勇士般带着属于它的坚毅,守卫着这方土地。坐在庭院的槐树下,感悟那一丝翠绿、一丝清凉，捧一杯热茶，摇一摇蒲扇，道一道陈年的旧事，读一读优美文辞，引得几声欢笑，感到几分美好。

“庭院深深深几许，杨柳堆烟，帘幕无重数。”深深庭院，每每落笔于古人的诗词画意中，美得让人陶醉。古人笔下的庭院别有一番韵味。近千年后，我沿着古圣先贤的足迹，再次发现中国庭院之美。或者说，在庭院里，我感触到弥漫于心间的文化自信。

推开这扇“木制门”，徜徉于历史的庭院中，我仿佛看到了“一蓑烟雨任平生”的旷达，看到了“我辈岂是蓬蒿人”的自信，看到了“学不成名誓不还”的果决……庭院是令人魂牵梦绕的中国古代士大夫生活美学：是陶渊明“采菊东篱下，悠然见南山”的闲适自然；是辛弃疾“庭院静，空相忆。无说处，闲愁极”的苦闷幽怨；是秦观“小园几许，收尽春光。有桃花红，李花白，菜花黄”的轻松欢快；是晏殊“无可奈何花落去，似曾相识燕归来，小园香径独徘徊”的眷恋惆怅……仿佛人一生的悲欢离合，都发生在这一方院落里，他们或悲伤，或留恋，或闲适，或淡然，或进取，或温暖。小小的庭院，彰显着它独特的魅力，诉说着它自己的传奇。建筑理论家拉普卜特认为：“人类住宅一个最基本的功能就是领域的界定。”实则不然，庭院不只是领域的界定，更是心灵释放的空间，更是文化自信的彰显。

“一抔秦土，殷殷故乡情，一个庭院，拳拳生活趣。”对庭院的那份独特情感是每一位炎黄子孙割不断的情怀，解不开的情结，那是一种欢愉后的平静，无奈后的超脱，放逐后的回首，宣泄后的释然。

庭院，如一座丰碑矗立在大地上，任凭岁月的流逝，社会的变迁。大至国家之庭，小到平民之院，都蕴含着人们无限的情思。院落是温暖亲情和家国的情怀的延展。一方天地围合的院子，所延续的不仅是一种情感，更是一种温情的凝聚力，将人与人、人与自然之亲密感紧紧相连。

凝视着脚下厚重的土地，一种喜悦与自得浮上心头，庭院简约别致，不显奢华：几树桃柳，几丛青草，一方竹桌，几张竹椅。人生一世，草木一秋。人类因生命组成的复杂却变得精彩。是顺应天命，平庸一生，还是穷毕生之力，只求短暂光辉？是坚持操守，一世清贫，还是为了生存，甘为沉沦？浮沉在生活洪流中，当幸运者湿淋淋地爬上岸时，驻足于庭院中时，望着仍在其中挣扎颠簸之人，是庆幸，还是怜悯？

昔人已逝，精神永存，故事已成为绝响，衍生的是不停止的开创。而在现代生活中，太多太多的现代人，在不停地为生计、为金钱、为名利奔走，忘记了自我，忘记了初心，年华流逝，无所归依。当物质生活的浪潮势不可挡地冲淡了人类灵魂的浓度，人类的精神家园安在？于是，重拾庭院文化、恢复精神家园便成了当务之急。余秋雨曾言：文化是一种精神价值和生活方式。在匆忙的生活中，我们更应该去寻找荷尔德林所言的“诗意的栖居”，寻找充沛的生活的热情，否则，一切的努力都将如叔本华所言，是在“为了生活的目的而毁坏生活的本身”。我们应秉承先人传承的精神，让我们的村庄不再寂寞，家园不在破败，让家乡的庭院更是别致而有趣。

落日斜阳，暮色向晚，行人寥寥，我穿过古老的庭院，寻找着那一寸安放心灵之所。泗渡岁月，凝一指沧桑。时间如流水般缓缓流过，沉淀了庭院，沉淀了自己，沉淀了昔日的文化。“文运同国运相牵，文脉同国脉相连。”随着中国传统文化的复兴，我们坚信：传统居住方式必然随之“复兴”，文化自信也必然崛起。

一代代，一辈辈，生于斯，成长于斯。古老的庭院，使我在驻足中收获美丽，使我在浮华中寻求一份安稳，在喧嚣中寻求一缕宁静。携一份自信与从容，且歌且舞在充满诗意的庭院里……

第七章 “六化式”实践活动任务群案例

宁阳四中“六化式”语文实践活动的实施，激发了学生们语文学习的热情，丰富了学生们的语文生活，营造了良好的校园氛围。通过参与丰富有趣的语文实践活动，学生的语文核心素养得到了极大的提高。在实践中，我们积累了大量的实践活动案例。

第一节 课前演讲课程案例

一、学生演讲内容

高一上学期课前5分钟演讲内容：

①“智慧和命运交锋时，如果智慧有敢为、有胆识，命运就没有机会动摇它。”莎士比亚如是说。青春是有限的，智慧是无穷的，用短暂的青春换取无穷的智慧。对此你有何感想？

②“我确信世间有一种永恒的存在，那便是高尚的灵魂与精神。”居里夫人如是说。青春不会永驻，而高尚的灵魂却可以跨越时空，熠熠生辉！此时你想到了什么？

③“只有顺从自然，才能驾驭自然。”培根如是说。圣贤的警示依然在耳边回荡，让我们诗意的栖居在世界上，此时你想到了什么？

④2015年9月2日，习近平总书记在颁发“中国人民抗日战争胜利70周年”纪念章仪式上说：“一个有希望的民族不能没有英雄，一个有前途的国家不能没有先锋。”同学们你认为我们生活的时代需要什么样的英雄？什么是真正的英雄？

⑤“人只不过是一根芦苇，是自然界最脆弱的东西；但却是一根能思想的苇草。”帕斯卡尔如是说。请你围绕“思想”等谈谈自己的想法。

⑥“生命和艺术交织着，在无穷繁衍的时空中长成一棵巨树。”巴荒如是说。落花无言，人淡如菊，人格和文格怎样达成和谐？此时你想到了什么？

⑦雨果在《笑面人》中写道：“人造的风暴比海洋上的风暴更厉害。”联系现实谈谈自己的理解。

⑧路遥《平凡的世界》中写道：“你不可能沉醉于一种现在还说不出的幻想之中，你必须凝视着你双脚踩踏的土地。”结合自己的经历谈一下对这句话的理解。

⑨“如果你的世界，没有痛苦的害怕，没有尊严的担忧，没有富贵的贫贱，没有暖寒的交替，没有生死顾虑，你才会离‘真正的活着’越来越近。”余华的这一句话给了你怎样的触动？

⑩梭罗曾言：“执着追求并从中得到最大快乐的人，才是成功者。”结合自己的经历谈一下对这句话的理解。

⑪泰戈尔在《家庭与社会》中写道：“一个个国家生存的世界上，是靠行动，不是靠沸腾。”联系现实发表一下自己的见解。

⑫余秋雨言：“安适的山寨容易停滞人生。”隋炀帝在他亲手编织的安乐的美梦中，一步步走向罪恶的深渊，梦醒了，江山破碎，百姓流离，昔日富贵不再，只有满地狼藉，留给后世无限唏嘘。这一段话让你想到了什么？

⑬贾平凹说：“人生或得或失或喜或悲，要紧的是心中的一泓清泉不能没有月辉。”对于语句中“月辉”你如何理解？

⑭纪伯伦说：“信仰是心中的绿洲，思想的骆驼队是永远赶不到的。”对这句话你有什么感想？

⑮“当我在岸上伫望时，远逝的帆影最美；当我在海上飘荡时，港口的灯火最美。”哲学家周国平告诉我们风景在远处，美丽在远处。此时你想到了什么？

⑯海子在《西藏》中写道：“没有任何夜晚能使我沉睡，没有任何黎明能使我醒来。”诗人语言玄妙，但从中也能感受到心的力量。对这句话你有什么感想？

⑰“只有兴趣才能让思想发出火花。”诚如雨果所言，兴趣是成功最好的导师，以兴趣为引，方能实现人生的绽放。结合自己的经历谈一下对这句话的理解。

⑱巴比塞曾言：“个性和集体融合起来，人会失去个性，相反，只有在集体中，个性才能得到高度的觉醒和完善。”联系实际谈谈自己的理解。

⑲倘是有一颗朝露抱怨：“千百年来我仅仅做一颗朝露！”你就回答它：“你知否，千百年的光明，不都在你的圆周里闪耀吗？”纪伯伦这则名言你如何理解？

⑳学者周濂说过这样一句话：“在这个时代，也许最重要的不是忙着去叫醒别人，而是时刻扪心自问为何要装睡。”联系现实谈一下自己的见解。

二、学生演讲优秀作品

以下是学生演讲优秀作品展示。

诗颂春秋，词歌冬夏

宁阳四中　高一3班　陈知心

尊敬的老师，亲爱的同学们：

大家好！我今天演讲的题目是“诗颂春秋，词歌冬夏”。

时光的脚步踏遍了记忆的黄沙，岁月的柔荑抚平了思绪的乌发。诉说春秋，倾听冬夏，方知生命的帛简上不仅镌刻着“琴棋书画，诗酒花茶”，还有着那岁岁年年积下的黯然心神，怕已化作了湘夫人竹上的斑驳泪痕……

春又立，百草升荣，万花吐蕊，灵巧黄莺歌鸣满天飞，二月天气，绝胜白莲盛放的四月天。抽芽杨柳姿态婀娜，扶依苏堤，醉了整个春天的人间烟火。只愿散学早早归来，忙趁那东风时节，送那积尘多时的燕子风筝细线，撷着自己厌恶的忧愁难解与苦痛不堪，飞去荒无人烟的海角天边。长舒一口旁人解不开的别样心绪，且让它随风而去。又是一年春好处，却只有绝胜的烟柳，而那童年所爱的轻飞曼舞，却再难见其影踪。我已成长，暂且放下，毕竟，春不适惆怅，只适歌唱。

蝉鸣阵阵，风响飒飒，欣然而见无穷碧，微然却视别样红。六月中，风光不与四时同，出水芙蓉铭记着我们的面容，浅浅清水，无论何时，都能轻而易举洗去雕饰的铅华。这年夏天，中学毕业，我分明记得班级的目标：鲲鹏万里展翅翔，蟾宫折桂铸辉煌；我清楚忆起学校的誓言：情绪稳，心态平，中考一战我能行，难不躁，易不骄，纵横考场我最高。从夏初到夏至，从开始到结束，我曾说用热情战胜夏日热浪，用书声力压枝头蝉鸣，蓦然回首，才发现，时光变迁。曾一起欢笑、一起含泪的师友啊，却都已不见。再见，抑或是再次相见，又或是再难相见，转瞬间，都已不见，都已不见……我已明了，暂且忘却，毕竟，夏不适流泪，只适期盼。

等到或是盼到九月初八，秋来落百花。天高云淡，天朗气清，澈蓝如洗的空明天宇下，菊尽开，而百花尽杀。香气透出未满，流向街阵，不似兰草的幽然之香，不类牡丹的雍容之香，反带着一身的坚毅勇敢与一脉的正气凛然，霎时间，心已着装黄金之甲，熔不化，砍不破，伤不动，掣不开，莫若响当当一颗铜豌豆。踏入高中门，不回看曾经，坚强而毅然决然地开启新的人生，没有犹豫，没有徘徊，生命中，不该少了果断。我已知晓，暂且直前，毕竟，秋不适踌躇，只适望远。

睫间沾一滴白露，发间落一片白霜，唇间呼一团白雾，足间沾一道白雪。如若秋时收，便就此时藏。秋收冬藏。满眼是皑皑的银色光，映得天地明亮。穿梭在追逐快乐的雪仗之中，撑一把伞，远远地看，看那一层雪被而挺直腰背的雪松，雪色与翠色的交融，展现出了生命的高洁不屈与抗争不止。回眸一瞥，那墙角的数枝鲜活，独自凌寒，寂然地开放，遥望便知那不曾是雪迹使然，只因暗香，阵阵袭来。于是，合十那纤纤的素手，放在胸口，微阖双眸，寻觅生命的律动，找遍环绕的音符，想听一曲冬的交响。我已坚定，永不摒弃。冬不适喧嚷，只适倾听。

四季已过，轮回再四季，时间已去，流逝再难歇。心绪百转回，无语凝噎是为谁？杯盏注满茗茶，忧心寡，莫叹易逝韶华，玲珑琉璃，碧色珠纱无暇，可叹时光远，一曲琵琶。无论春秋思忆，不管冬夏离情，都随流水落花，不如归去。不再吟诵《式微》，询问为何不归。须知，过去了，便不复返，离开了，便不再回。将早春与暮秋写入诗篇，轻吟浅诵；把严冬与盛夏放入民谣，慢唱徐哼。这才是真正的如诗青春，这才是真正的如水人生……

我的演讲到此结束，谢谢大家！

追求，使梦想开花

宁阳四中　高二16班　黄海晨

尊敬的老师，亲爱的同学们：

大家好！我今天演讲的题目是"追求，使梦想开花"。

"曾经少年爱追梦，一心只想往前飞。"为梦想花开而拼搏追求的过程总是难忘的，虽然其中有挫折、有挑战、有竞争，但奋力去追总会让青春熠熠发光。只有通过追求，梦想才会开出绚丽的花朵。

李白追求“天生我材必有用，千金散尽还复来”，才能有“安能摧眉折腰事权贵，使我不得开心颜”的豪言壮语；杜甫追求“安得广厦千万间，大庇天下寒士俱欢颜”，才有“吾庐独破受冻死亦足”的欣慰与满足；陶潜追求“采菊东篱下，悠然见南山”，才有“结庐在人境，而无车马喧”的闲适安逸。

正如诺贝尔所说：“人生最大的快乐不在于占有什么，而在于追求什么的过程。”很多人说《老人与海》中的老人很愚蠢，一个人孤独地同鲨鱼搏斗，历尽千辛万苦，最终却只拖回鱼骨，一无所获。而我认为老人是一位智者，他知道去追求自己的梦想，体会同鲨鱼搏斗的乐趣，他虽失掉肉体上的食粮，却换来精神上的存粮——追求梦想的快乐。

偶然进入蚌中的一粒沙，在蚌的日日磨砺下不渝地追求灿烂，方才成就一颗温润如玉的珍珠；偶然遗于石缝中的一颗种子，在日晒雨淋下不渝地追求茂盛，方才长成黄山上气势如虹的松林；溪流入海，虽九曲十弯，决不放弃，因为它追求温暖。无论古人还是今人，对梦想的追求总是执着，永不停歇。追求是一种伟大的力量，定会使我们踏实的梦想绽放缤纷的花朵。

我的演讲到此结束，谢谢大家！

追 日

宁阳四中　高三7班　吴宇歌

尊敬的老师，亲爱的同学们：

大家好！我演讲的题目是“追日”。

执着追求并从中获得最大快乐的人，才是成功者。

——梭罗

说起追日，人们总会想起那遥远的传说，那浪漫又伤感的故事——夸父追日。可是这里的日并不是天空中的太阳，而是人生的太阳。美国的德莱塞说过：“理想是人生的太阳。”漫漫人生总要去追点儿什么，才不会让自己的生命成为一张空白的废纸，对吧？

犹记木心先生，经历了“文化大革命”的木心先生。对文人来说，那是个黑暗的年代，他在狱中呆了十八个月，阴凉、潮湿、昏暗时时笼罩着他，但这些同对先生的精神摧残相比，算得了什么呢？伟大如老舍，也受不了这种折磨而自杀，为什么木心先生没有选择这种极端的解脱？因为他心中有个太阳，名为理想的太阳，名为对美的追求的太阳。我本该放手，可我从未停止痴缠，正是因为从未放手，才有了生。有了白纸上的黑白琴键上流淌着的莫扎特与肖邦像，他的文字也获得了永生，可谓人生的成功者。

“把脸孔一径向着阳光，这样就不会见到阴影”，海伦·凯勒这样说。人生是一次航行，航行中必然会遇到从各个角落袭来的劲风，但只要你稳住船舵，坚守心中的太阳，永远面向她发出的阳光，追逐她的方向，即使是暴风雨，即使是一叶扁舟，你也不会葬身大海。马云，一个同时具有拿破仑的身高与抱负的男人。他取得的成就令人赞叹，可他一开始只是一个小工人，因为外貌被屡次拒绝，可他从未停止过追逐梦想的脚步，于是，未过夜幕沉沉的寂静，最终迎来了令人瞩目的商界巨人，他的横空出世，震惊了全中国，阿里巴巴的王国正在向全球迅速扩展。

梭罗曾言：“执着追求并从中获得最大快乐的人，才是成功者。”这句话仿佛是一道解不开的谜题，一代人验证过，另一代人又紧紧跟上去。

如果没有爱迪生的执着，也就没有我们今天夜晚的光明；如果没有居里夫人的执着，也就没有那跨百年的美丽；如果没有许海峰的执着，也就没有中国第一枚金牌的荣誉。他们心中都有个太阳，他们执着地追求阳光。

苏格拉底曾说：“世界上最快乐的事莫过于为理想而奋斗。”梭罗说：“能处处追求快乐的人才是最富有的人。”王安石说：“尽吾志也而不能至者，可以无悔矣。”你将成为最快乐的人，因为你为理想而奋斗；你将成为最富有的人，因为你因追求理想而获得最大快乐；你将不会遗憾自己所度过的时光，因为你已尽力追求。

你的心中要有颗太阳，你要永远追寻你心中太阳的方向。生命不息，追求不止，勇敢地去追日吧，只要你敢追，只要不放弃，你就是成功者。

我的演讲到此结束，谢谢大家！

三、学生点评内容

(一)课前演讲——王振宁

以王振宁的《志在山河，何妨徐行》演讲稿为作文范文。

1.演讲状态

(1)基本做到脱稿，只低头看了三次，说明此学生认真准备。

(2)吐字清晰，但声音不够洪亮。

(3)语调平淡,没有注重轻重音和感情。

2.演讲内容

(1)标题引经据典,富有文采。

(2)第一段能够从材料中引观点,点出“志在山河,何妨徐行”。

(3)论证充分,且思路清晰。从两方面论述,第一方面等待之耐心,第二方面坚持之恒心。分别用李邵群和姜广涛、脱贫攻坚、苏轼的例子等。

(4)结尾语言优美,首、尾、标题呼应,中心明确。

(二)课前演讲——朱俊豪

朱俊豪向学生们分享了他喜欢的美国歌手泰勒·斯威夫特(Taylor Swift)。

1.演讲状态

(1)基本做到脱稿,只低头看了三次,说明此学生认真准备。

(2)吐字清晰,但声音不够洪亮。

(3)课件精美,图文并茂,恰到好处。

2.精彩段落

每个人为了活下去都必须找到点燃自己心头之火的力量,那烈焰就是灵魂的食粮。世界上只有一种真正的英雄主义,那就是在看清生活的真相后依然热爱生活。在神圣的黑夜中走遍大地,热爱人类的痛苦和幸福,忍受那些必须忍受的,歌唱那些应该歌唱的。

我就是我,颜色不一样的焰火。真正强大的人,会将苦难当作生活的馈赠,磨砺自己的内心。

通过积累人物素材,可以服务高考作文,培养学生的表达能力和写作能力。同时,有助于培养学生高尚的道德情操和健康的审美情趣,形成正确的价值观和积极的人生态度。

(三)学生评价《春风大雅能容物,秋水文章不染尘》

高一16班王海宁《春风大雅能容物,秋水文章不染尘》演讲完后,学生进行了评价。

学生1评:

她的演讲太美了,不仅因为所讲人物的美、长相美、事迹美、贡献美,还有演讲者精心制作课件的美。印象最深的是林徽因与林黛玉的对比。如果说爱是一场赌博，林黛玉押下去的筹码是所有的青春，而林徽因押的筹码则是一小段青涩寂寞的时光。因为林徽因输不起，她希望自己可以活到白发苍苍，可以到老时有漫长的值得一生回忆的时光。

学生2评：

通过演讲，我由衷敬佩林徽因。她是中国第一代女建筑学家，与丈夫共同走了中国的15个省，190多个县，考察测绘了2738处古建筑物，通过他们的考察，这些古建筑得到了全国、世界的认识，从此加以保护。她被任命为人民英雄纪念碑建筑委员会委员，抱病参加设计工作，完成了须弥座的设计。实在是非常伟大！

(四)学生评价《国学大师——陈寅恪》

高二5班潘浩宇《国学大师——陈寅恪》演讲完后，学生进行了评价。

学生1评：

清华园里盛传一句关于陈先生的话，他是公子的公子，教授的教授，他的才识令许多教授信服，他的爱国、坚持不懈感动了当时的人，也感动着我们。

学生2评：

无论是谁，都不该忘记在战火纷飞的年代还在奋力书写民族历史的人。

学生3评：

1925年，陈寅恪回国。这时，清华学校改制为大学，设立国学研究院，当时的研究院主任吴宓很器重他，认为他是"全中国最博学之人"。梁启超也很尊重他，虚心地向人介绍："陈先生的学问胜过我。"

学生4评：

1926年6月，他只有36岁，就与梁启超、王国维一同应聘为研究院的导师并称"清华三巨头"。他当时在国学院指导研究生，并在北京大学兼课，同时对佛教典籍和边疆史进行研究、著述。名教授如吴宓、朱自清等也常来听课。盛名之下，他朴素厚实，谦和而有自信，真诚而不伪饰，人称学者本色。

(五)学生评价《努力是一种态度》

高一12班孙中鹏《努力是一种态度》演讲完后，学生进行了评价。

学生1评价：

奥巴马的故事很励志。从一个"黑小子""坏小子"到美国总统，他的成长经历可谓是一部活生生的励志片。主演是他，但导演，却是他的母亲。我想，许多人都和奥巴马一样，有过自卑和叛逆，有过彷徨和迷茫，然而奥巴马很幸运，他从母亲身上学到了人生的真谛：对社会的贡献才是衡量一个人生命价值的真正尺度。我相信，我们如果能把握住这个尺度，我们的生命也会和奥巴马一样，快乐且丰富多彩。

学生2评价：

我们要不停地奔赴，寻找最初的梦想，理清层层苦忧，锁定展望方向，才能解开谜团拨开迷雾，终有一个满意的归宿。流水千觞，光阴有限，趁着阳光初早，明媚如鲜，我们还处于人生的最好时期，真情面对各自的美好前程，踏实履行坚定的脚印，才会不枉此生，绽放璀璨的光辉。

学生3评：

演讲中的事例，让我想到了更多的黑人励志者。

一个是马丁·路德·金。马丁·路德·金(Martin Luther King，1929年1月15日～1968年4月4日)，非裔美国人，出生于美国佐治亚州亚特兰大，美国牧师、社会活动家、黑人民权运动领袖。

一个是博尔特。2008、2012、2016年奥运会男子100米、200米冠军，男子100米、200米世界纪录保持者。

一个是曼德拉。曾任南非非洲人国民大会青年联盟全国书记、主席。于1994年至1999年间任南非总统，是首位黑人总统，被尊称为"南非国父"。

四、教师点评内容

以下是苏维东校长对课前演讲内容"《悲惨世界》读后感"的点评：

今天第二节听了孙慧老师班上学生的课前演讲，演讲内容是"《悲惨世界》读后感"。

演讲前学生用音乐剧导入，整个演讲用PPT课件引领。

演讲内容对《悲惨世界》作了高度梳理、概括：首先，梳理了《悲惨世界》的故事情节，让大家对故事内容有了大体了解；其次，对冉阿让和沙威这两个人物进行了细致的分析；最后，归纳了小说的主题。揭示了当时社会中勤劳善良的劳动人民却受歧视和压迫的不公平命运。雨果还在作品中揭露了当时残酷不公的法典和秩序。猛烈抨击了那种人们饿死可以而偷面包却要坐牢的社会制度，谴责了那些安于现状和铁石心肠的市民在面对处于困境中的他人时的那种袖手旁观的冷漠态度。

配有音乐启迪：你可听见这乐声，人民在深谷里歌唱，歌声正向你宣布，我们在朝光明前进。不管人世多么险恶，希望火光永不灭。漫漫长夜终会结束，朝阳也即将升起。

还有很独到的素材运用——从经典中汲取养分：

(1)善于思索的人，很少用幸福者和不幸者这种说法，尘世显然是另一世界的门厅，这里没有幸福的人。

(2)比海洋更辽阔的是天空，比天空更辽阔的是人的胸怀。

(3)青少年清贫，到成功之日方显妙处：能把人的整个意志引向发奋的道路，把人的整个灵魂引向高尚的追求。

(4)悲惨之世，焰仍不毁。夜散日出，人复自由。

(5)人心和岩石一样，也可以有被水滴穿的孔。

(6)夜，没有星光，一片漆黑，在黑暗中，可能有一个站着的天使展开着翅膀，在等待着这个灵魂。

(7)脚步不能达到的地方，眼光可以到达；眼光不能到达的地方，精神可以飞到。

这位同学的课前演讲，确切说应该是读后感的分享展示，一个小小的、看似不起眼的课前几分钟活动，凝练了她对小说的阅读、感悟、写作、音乐选用配制、课件策划制作、启思……

课前演讲也好，谈读后感也好，讲故事也好，只要能让学生静下来思考、愉悦表达、净化升华、素养提高，都是好活动，我们都应该坚持、创新！

第二节　校园演说家案例

一、演讲活动方案

以下是“校园演说家”活动策划方案：

“校园演说家”活动策划方案

一、演说家比赛活动目的

为了提高同学们的演讲能力，活跃校园文化氛围，丰富同学们文化生活，提升同学们的精神面貌，喜迎国庆，特此举办“迎国庆，颂祖国，展风采”为主题的演讲比赛。

二、参加比赛对象

高二全体学生均可报名参加。

三、演讲比赛主题

“迎国庆,颂祖国,展风采”。

四、演讲比赛主办单位

高二语文组。

五、比赛时间

2021年9月16日。

六、比赛地点

校园的教学楼前、洙水河两岸,假山旁及文化广场等各个角落。

七、赛前准备

1.各班语文教师做好宣传,发动同学们积极参与。

2.邀请列席评委,初赛邀请有经验的教师、学校语文教研室负责人,复赛邀请学校权威的相关老师担任评委。

3.提前借好教室,确定演讲主题并做好标签。

4.提前布置会场,准备好评委打分的纸笔和计算工具,准备好水和奖状。

5.做好分工,明确分配任务,责任到人。

6.确定好主持人。

八、参赛要求

1.参赛者思想端正,参赛作品积极向上并且普通话标准。

2.参赛者具有一定语言表达能力,感情丰富,必须脱稿;要求选手语言流畅、演讲技巧娴熟,具有较强的感染力。可以根据需要,加手势和背景音乐。

3.演讲时间7～10分钟。

4.参赛选手到会场后在签到处签到,比赛正式开始后15分钟不到者视为弃权。

5.前期宣传,横幅和海报及时悬挂和张贴。

图7-1是活动海报展示。

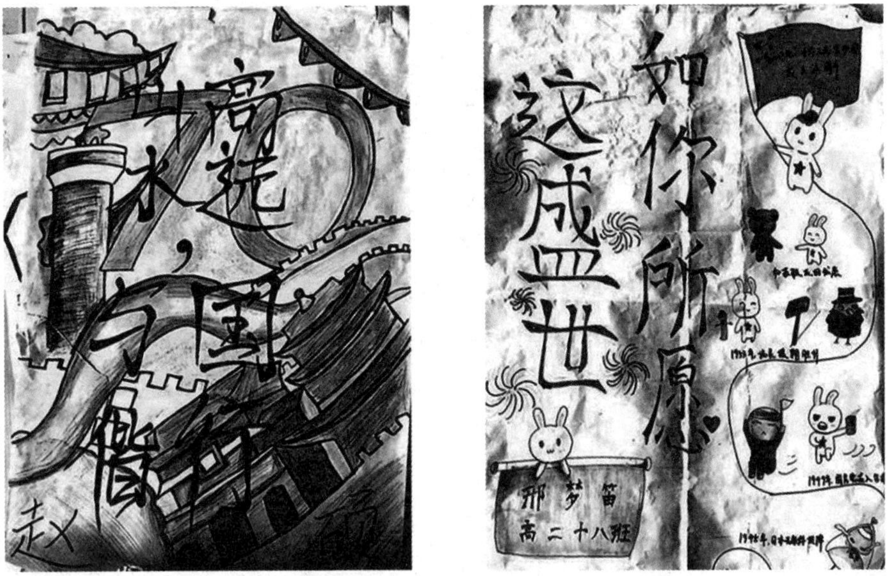

图 7-1　演讲活动海报

二、演说家演讲稿件

以下是优秀演讲稿展示：

此生无悔入中华

宁阳四中　高二 1 班　颜晓琳

尊敬的老师，亲爱的同学们：

大家好，我是来自高二 1 班的颜晓琳，今天我演讲的题目是“此生无悔入华夏”。

我想先问大家一个问题：你们还记得《战狼 2》中这样一幅画面吗？——吴京站在车顶，高高举起手中鲜艳的五星红旗，用充满底气的、自豪的语气喊：“我们是中国人！”那，当你们看到红巾军首领闻“中国”二字退缩忌惮的表情时，有何感想？对，没错，面对中国神威，我们一定为之震撼，为之骄傲，然后从心底奔涌出一种殊荣：“我是中国人，我骄傲！”

但，这仅仅是中国的冰山一角，它还有更多值得我们骄傲和自豪的地方——中华情！

翻阅历史，看周王朝时的天下共主，秦朝时的一统江山，隋唐的太平盛世，宋元的繁华昌盛。一朝一代，古人留给我们的不仅仅是智慧，更多的是中华一体、全民同家的中华情。“天子守国门，君王死社稷”这本是明朝祖训，不曾想在与中华情一同发酵中成了最烈的酒：“全民守国门，华人为江山；但使九州华人在，不容旁人侵国界”！于是林则徐站出来了，不畏列强，毅然销烟；鲁迅站出来了，以笔为矛，刺穿黑暗；李大钊，站出来了，带来了曙光——马克思主义。之后，毛泽东站起来了，挺身而出，带领着中国共产党血战沙场，拯救民族于水深火热之中。鹰击长空，主世间沉浮，造现实太平！后来，莫言获得诺贝尔文学奖，屠呦呦等人发现青蒿素，等等，掀起一次又一次的风潮。

时至今日，疫情汹涌，席卷华夏。国难当前，又有一批英雄，他们站出来了，白衣战士挺身而出，中国军人奔赴前线，无数志愿者迎难而上。一方有难，八方支援，全民抗疫，无名英雄挺身而出，他们用双手为我们撑起了一片蔚蓝的天，我们为这些逆行者而骄傲，为他们的大爱而骄傲。他们身上所体现的，就是我们引以为傲的中华情！相较于某些自以为是、空口谈兵、漠视生命的国家而言，我们中国人最有资本也最有底气说：“我是中国人，我骄傲，我为祖国而自豪！”有人说过：“中国的护照不能把你带去任何地方，但可以把你从任何地方带回来！”我认为还应加上一句：“中国的国籍，可以尽最大的努力将我们从鬼门关带回来！”拥有这么厉害的国籍，你们骄傲不骄傲？

变幻莫测的今天，我们有幸成为中国人，得以健康成长，得以尽情地在人生的画轴上泼墨挥毫，这一切都是因为我们有一个伟大的祖国！生而为人，我们有很多身份，但最令我们骄傲和自豪的是中国人的身份！

此生无悔入中华，来世还做中国人！

我的演讲完毕谢谢大家。

多难兴邦，71年铸辉煌

宁阳四中　高二22班　王晓帆

老师们、同学们：

大家好！今天我演讲的题目是“多难兴邦，71年铸辉煌”。

同学们，请在你们心中说出你喜欢的国家，有的人会说是法国，因为它有着令人向往的浪漫情怀；也有人会说意大利，威尼斯水上之都吗，当然美丽。但是，我相信在每个人心中，在每个人的骨子里，都对同一个名字有着无可替代的热爱，那就是我们的祖国——中国！

她有着五千年的历史，灿若银河。忆秦时的万里长城、汉朝的丝绸之路、明代的郑和下西洋，还有推进历史发展的四大发明和闻名海内外的四大名著。就问，哪一个不是中华儿女的骄傲！

但是，我们不能忘记！繁华的背后，有着长达百年的耻辱！

1840 年，鸦片战争爆发，西方列强用坚船利炮撞破了我们封闭已久的国门；1900 年，八国联军如贪狼般侵入北京城，在中国的土地上，烧、杀、掠、夺，无恶不作！是什么导致了我们挨打？是什么造成了当年的落后？历史告诉我们：是卑躬，是屈膝，是乞求，是大清政府一味地退让！是异想天开的平等！崇洋媚外乞讨是无法富强起来的，封闭自守最终会导致落后，开放进取才能使祖国繁荣富强！

七十一载，祖国书写了恢宏壮阔的发展画卷，中华厚重的历史影响着我，让我体会一拨拨奋斗者的卓著功勋；祖国明亮的眼眸牵引着我，让我感触一个泱泱大国的伟大时代。

当南海边上的紫荆花盛情绽放，《七子之歌》在人们口中传唱，五星红旗高高飘扬在港澳特别行政区，也飘扬在港澳人的心中。风骨遒劲的中华民族终于为台湾回归筑起了一座永不垮塌的桥梁。在那百花盛开的阿里山，一位位同胞们在尽情地欢唱。那时，无知的我懂得了，坚持“一国两制”的基本国策，我们一定能完成祖国的统一大业。

当神圣的奥林匹克圣火第一次走进龙的故乡，四海宾朋相聚在古老的礼义之邦，二十九个脚印大步迈向了鸟巢，也迈向了世界。坚贞不屈的中华民族终于为祖国赢得了国际社会的普遍尊重、信任与青睐。在那礼花高绽的鸟巢，一面面五环旗挥动着时代的节拍。那时，自豪的我看了一个民族奔跑的姿态，见证了一个民族不息的辉煌。

当祖国点燃七十一华诞的礼花和红烛，我要为共和国举杯庆祝，仪仗队奏响了雄壮嘹亮的《义勇军进行曲》，也奏响在每一位国人的耳旁。在那金碧辉煌的天安门，一个个红灯笼诉说着不朽的传奇。那时，激动的我会知道，站在历史新起点的中国，是一个在和平中走向伟大的中国，也是一个企盼与世界分享成功喜悦的中国，中国的发展离不开世界，世界的繁荣稳定也离不开中国。

如今，中国以崭新的面貌走向世界，东方沉睡的雄狮正在慢慢苏醒。跨过了千秋坎坷，洗净了百年屈辱的中国，如今带着独有的自信与豪迈，走向了全世界，展示着东方巨龙的神采！我们，是祖国将来的希望，我们，不能忘记历史的教训。

我们能做的不仅仅是口头上的爱国，时代赋予我们的，是振兴中华的重任！

风雨几重，春秋几度，日月流转，万象复苏。我与祖国一道迎来了五彩缤纷的时代，我与祖国一起跨进了一个崭新的纪元！我与胸前的团徽一起，沐浴着新世纪的和风为祖国祝福，祖国的明天更美好！

回望过去，祖国成就辉煌；展望明天，我们憧憬未来。同学们，作为早上八九点钟的太阳，你们有没有信心把祖国建设得更加辉煌与灿烂？

我的演讲完毕，谢谢大家。

三、演说家评比标准

演说家评比标准如下：

1.演讲材料(35分)

(1)思想内容能紧紧围绕的主题，观点正确、鲜明，见解独到。内容充实具体，生动感人。

(2)材料真实、典型、新颖，事迹感人、实例生动，反映客观事实，具有普遍意义，体现时代精神。

(3)讲稿结构严谨，构思巧妙，引人入胜。

(4)文字简练流畅，具有较强的思想性。

2.语言表达(35分)

演讲者语音规范，吐字清晰，声音洪亮圆润。演讲表达准确、流畅、自然。语言技巧处理得当，语速恰当，语气、语调、音量、节奏张弛符合思想感情的起伏变化，能熟练表达所演讲的内容。

3.形体语言(15分)

演讲者精神饱满，能较好地运用姿态、动作、手势、表情，表达对演讲稿的理解。

4.主体形象(5分)

演讲者着装朴素端庄大方，举止自然得体，有风度，富有艺术感染力。

5.会场效果(10分)

演讲具有较强的吸引力、感染力和号召力，能较好地与听众感情融合在一起，营造良好的演讲效果。

四、演讲家评比结果

演讲结束后，展示评比结果。“校园演说家”活动评比结果具体内容如下：

在全国人民喜迎祖国71周年华诞之际，2020年9月24日上午，宁阳四中高二年级在综合楼广场开展校园演说家活动。

上午10时，广场上人潮涌动，热闹非凡。高二年级1班颜晓琳、4班朱明月、10班丁家峄、12班张亦菲、16班程子其、17班许贞军、21班于伯渊、19班王晓帆、6班林晓燕、26班苗蕊、23班许悦、8班闫莫轩、14班岳亚轩13名“校园演说家”围绕“我骄傲，我是中国人”的主题进行校园展演，谈爱国，讲担当，说奉献，纵论天下大事，尽抒爱国情怀。他们的语速疾徐有度，他们的语调高低有节。说到动情处，他们潸然泪下；讲到激昂时，他们目光如火。他们的精彩演讲博得声声喝彩、阵阵掌声，将现场气氛不断推向高潮，让同学们享受到了一场视听盛宴（现场演讲情况，可参见图7-2）。

图7-2　宁阳四中2016级9班选手张浩正在“校园演说家”活动中进行演讲

本次活动，从开始的选拔赛到今天的展演，再到后期的视频制作，全程由学生实施完成。活动中，学生碰撞了思维，提高了演讲能力和组织能力，增强了爱国情感。

本次活动是2019年山东省重点项目“基于核心素养的高中语文课程重构与教学创新”的系列活动之一。活动的成功开展必将进一步推动省重点项目在宁阳四中的开展，提升学生的语文核心素养，为学生终身发展奠基。

现将比赛获奖情况公布如下（见表7-1）。

表 7-1　宁阳四中高二年级“校园演说家”获奖情况

选手	班级	成绩
颜晓琳	1 班	一等奖
程子其	16 班	一等奖
丁家峄	10 班	一等奖
许　悦	23 班	二等奖
许贞军	17 班	二等奖
王晓帆	19 班	二等奖
闫荣轩	8 班	二等奖
于伯渊	21 班	三等奖
林晓燕	6 班	三等奖
苗　蕊	26 班	三等奖
岳亚轩	14 班	三等奖
朱明月	4 班	三等奖
张亦菲	12 班	三等奖

第三节　“逝去的乡村”活动案例

一、活动方案和通知

以下是宁阳四中高一年级举办“逝去的乡村，永恒的精神”实践活动的通知。

高一年级关于举办“逝去的乡村，永恒的精神”实践活动的通知

家乡文化是中国文化的重要组成部分，是我们个体精神生活的重要依托。为了更好地了解家乡的人和物，关注家乡的文化与风俗，深入认识家乡，培养个人的家国情怀。高一年级特举办“逝去的乡村，永恒的精神”活动。现将有关事宜通知如下。

一、活动安排

本次活动共分三个阶段，第一阶段为 10 月 1 日～10 月 7 日，利用国庆假期集中走访并制作作品；第二阶段 10 月 8 日～10 月 21 日，班级内部和班级之间进行交流展示；第三阶段 10 月 22 日～10 月 26 日，评比和后期修改。

二、参赛对象

高一年级全体学生。

三、参赛要求

1.主题

逝去的乡村，永恒的精神。

2.参赛项目

主题相关文章、PPT、微视频。

3.作品要求

(1)必须是参赛者原创作品。

(2)参赛的视频时长为 3～8 分钟。

4.作品提交方式

作品完成后，用附件的方式发送至自己的语文老师邮箱。

四、奖项设置

学校将邀请专家组成评委会，评出团体一等奖 3 名、二等奖 5 名、三等奖 6 名，个人一等奖 10 名、二等奖 30 名、三等奖 50 名。

宁阳四中高一年级

2021 年 9 月 30 日

二、学生家乡采风系列

以下是“逝去的乡村，永恒的精神”实践活动学生展示家乡风采的精彩作品。

故乡河

宁阳四中　高一 1 班　杜宏瑞

走在蜿蜒曲折的小路上，伴着淅淅沥沥的细雨，看着道路两旁的树枝摇摇摆摆好似在和细雨跳舞，这不禁使我想起了家乡，想起了家乡的一草一木，想起了那流经百年不曾停歇的河流——大汶河。

家乡的大汶河，没有长城那般宏大，没有都江堰那般壮阔，没有像长城那样占据辽阔的空间，也没有像都江堰那样占据了邈远的时间，它有的是，它的故事，它的经历。

大汶河，古汶水，发源于泰莱山区，自西向东流入黄河，全长208公里。它虽没有那么壮阔，但它的长度足以让家乡的人们为它感到骄傲。大汶河是最亲近的，它是养育家乡人们的绝不炫耀、毫无所求的乡间母亲。大汶河的水是轻柔的、温暖的。面对着它就像是面对着慈祥的母亲，它那轻轻翻滚的波浪是与你的絮语，它轻轻地搓揉着你的心，消去你因忙忙碌碌争名夺利而生的郁闷和烦乱、疲惫和冷漠，唤醒你回归家乡的亲情，带给你一份平和的心态。但它也有严厉的时候，当它发起火来，就如暴躁的狮子，嘶吼的声音击破天空，令站在一旁的你瑟瑟发抖。翻滚的波浪变得急促，它内心的情绪一点也没有隐藏地展现了出来，看到这一幕不禁让人想要远离它，躲避它。但它始终还是那个默默付出，倾尽所有为人们提供便利的母亲河。

徐志摩在《再别康桥》里写到“软泥上的青荇，油油的在水底招摇；在康河的柔波里，我甘心做一条水草！”我觉得用它来形容大汶河再合适不过了，绿油油的水草在水底招摇，小鱼在水的世界里游来游去。大汶河的修建本来是为了防洪灌溉，但它却成为我们儿时的娱乐场，捉鱼、游泳是我们的娱乐项目，它为我们带来了无限的欢乐，带来了无限的回忆，带来了无限的甘甜，同时也带走了我们的烦恼、忧愁，带走了我们对它的思念，对它的牵挂。

我想，等我哪一天老无所依，我的家乡，大汶河，也只有它能够给我一段炊烟的念想，一院芬芳的花朵，一个温暖的家。让我看着你再做一场关于你我的梦。

独爱莲花湖

宁阳四中　高一9班　高彤彤

巍巍泰山撼不动日月的流转，滔滔汶河割不完齐鲁大地的辉煌。从春秋的兵马纷争到如今的孔孟文化，如此广袤的故土上，家乡不知名的莲花湖却是我独爱的家园。

至今，我也不知道含苞待放的是什么花，只是觉得好看极了。开过花，留过芬芳。家乡的莲花湖见证了我的成长，承载着我幼年时的回忆，年少时的青涩秘密，长大后的梦想，我热爱这里。

初夏时就已经“小荷才露尖尖角，早有蜻蜓立上头”。早上的太阳不毒，有风吹过还会觉得冷。晨练的人伴着这满园的太阳、薄雾和花香。那荷叶上的露珠，滚动着，发出炫目的光。水精灵自由自在，灵动地跳舞，那惬意的感觉从心而来。

渐渐懂事了些，喜欢在盛夏的夜晚独自一人坐在公园的秋千上，荡啊荡。仿佛荡走了所有青春期里的烦恼。就连静下心来，闲坐着，也是醉人。“听取蛙声一片。”随身带着驱逐蚊虫的扇子也派不上用处，许是青蛙已经饱餐一顿了。那阵阵的蝉鸣更是夏天永不变更的背景。难得处在自己的小世界里，连蝉鸣也不觉聒噪。

杨万里诗云：“接天莲叶无穷碧，映日荷花别样红。”在这池中莲用荷叶点缀，荷叶用莲来铺陈，生机盎然，和谐统一。那芳香就更不必说，沁人心脾，从鼻腔入，蔓延到身体四处。夏日里凉风吹过，园子每一处都充斥着一样的味道，有些醉人。这池里的花一定有魔力，让我想在此地停留，探寻自然间的和谐和嘈杂外的宁静。想起朱自清先生《荷塘月色》中提道：“微风过处，送来缕缕清香，仿佛远处高楼上渺茫的歌声似的。”别有一番风致。

这是贯穿了我成长的莲花池，不宏伟却温婉，不壮观却撩动心弦。我热爱莲花池，愿你也喜欢。

古 槐

宁阳四中　高三2班　宁文悦

它跟随着历史发展的脚步，经历了清王朝从衰败走向灭亡的历程，经历了民国的出现与灭亡的历程，见证了新中国的成长。

时至今日，它已昂然挺立在祖国大地达六百多年，它就是我家乡很有名的大槐树，这棵古槐位于彩山西侧大槐村的南部，又名“大槐树”。大槐村将它视为镇村之宝。清人黄思彤曾赞其曰：“老干半天绿，亭亭偃盖重。森缅翻翠凤，荦确蜕苍龙。霜雪怜心苦，风云护荫浓。大年延万祀，应不数秦松。”

黄恩彤写出了它的繁华，它的艳丽。而我对这棵古槐的喜爱，并非只因它的枝叶繁茂，亭亭玉立。

我与它共同度过了十六个春夏秋冬，它为人们做了很多贡献。夏天，天气炎热，太阳照在古槐上，使枝叶繁茂的古槐下生长出一片浓荫，人们便在那里乘凉，享受着浓荫的凉爽，走在路上的人，累了，也会倚着它那挺拔的主干休息一会。它对于我，是最好的倾诉对象，我伤心难过的时候总会倚着它跟它说会儿话。它就像一位慈祥的母亲，包容了我所有的错误。

它的形状并非奇特，但因有着悠久的历史，被人们视为古迹。远远地看它，它是那样的孤独，在它周围都已是住房，有几棵杨树离得远远的。近看，它是那样的雄伟，不禁让人惊叹。

它饱经风霜，但依然坚定不移。我对它，更多的是崇敬。看到它，就给了我无穷的勇气，能让我在困难面前勇往直前。

冬天，寒风凛冽，吹着它的身体，寒冷的霜雪侵蚀着它的皮肤。虽然叶子已落尽，可它却依然挺拔在那里，纹丝不动，风吹不倒它，雨雪侵不透它，它的精神才是最伟大的。我对它，更多的是钦佩，钦佩它一路走来的不易，钦佩它的勇气与精神，钦佩它的雄伟。在你人生失意的时候，你站在它的面前，它会给你无穷的勇气。

树多有灵气，大槐树更是有仙气的树，才能屹立在祖国大地达六百年之久，成为一道独特亮丽的风景。

故乡的河

宁阳四中　高二 22 班　刘一凡

家乡的小河，养育了一代又一代的生命，是让我魂牵梦绕的一条河。我的家乡并不是什么著名的旅游胜地，也没有美丽的青山、壮丽的瀑布，但那有一条小河，我深爱我的家乡，更爱那条小河。

小时候，那条河几乎占据了我所有的童年生活。每当春水涣涣、大地春回的时候，心里便会产生一种莫名的冲动，想看看那条给我留下太多记忆的河。

它平凡，没有人工堰坝的辛酸历史，没有源于高山大川的长江黄河的显赫出身，它是岁月的脚步，在大地上留下的长串足印。

春天的小河是羞涩的，每年到了春季万物复苏的时候，小河里的冰渐渐融化了，鱼儿的身影也浮现在水底。岸边的新柳也抽出新枝，招手欢迎人们的光顾。

夏天的小河是绚丽的，傍晚时，太阳西下，人们纷纷来到小河旁的树下乘凉，此时的小河就更加妩媚动人，夕阳映在它的脸上，惬意自然。

秋天的小河是忧伤的，人们收获时，似乎把小河忘却了。就连树叶也越来越少,一个个飘进小河的怀抱里。

冬天的小河更加寂寞了。少了树叶的陪伴,隔绝外界的一切声音,远离喧嚣热闹的尘世。铺上一层白被,这就是冬天小河的景色,河边一整天都很少有人经过。偶尔经过几个小孩。只是打雪仗,忘记了这条沉默的小河。

乡村是可爱的,乡村里的那条河更是可爱的,或许我的家乡没有名胜古迹,也没有名山大川,但拥有的是亘古不变的永恒的精神。

精神是永恒的,故乡里的那条河永远地陪伴着人们,它是一代又一代人的传承,哺育着一代又一代的人。那条清澈见底的小河就像是人们的寄托。

“羁鸟恋旧林,池鱼思故渊。”故乡的记忆会因我们的年迈而愈加清晰。

故乡的柳树

宁阳四中　高二24班　李昊

住所左边的土坡上,有两棵苍老蓊郁的柳树,以广阔的绿荫遮蔽着地面。在浅灰色的水泥楼房之间,摇曳着赏心悦目的清脆,在烈日炎炎的夏天,带来一片清凉。不知什么时候,柳树底下辟出一块小平地,建了儿童玩的滑梯和凉亭,周围又种了许多花朵,居然成了一个小小的儿童世界。也许是对柳树有一份亲切的感情吧,我常在清晨或黄昏带弟弟到这里散步,或是坐在绿色的长椅上看小孩子嬉戏,有种悠然自得的味道。

那天特别高兴,动了未泯的童心,我从柳树上折下一根嫩枝,制成一只小小的哨笛,放在口边,吹出单调而淳朴的哨音。弟弟欢跳着抢过去,使劲吹着,引得谁家的一只小黑狗循声跑来,摇动着毛茸茸的尾巴,抬起乌溜溜的眼睛望着他。他把哨音停下,小狗失望地跑走了,他再次吹响哨音,小狗又跑回来了……逗得弟弟嘻嘻笑,粉白的脸颊上泛起淡淡的红晕。而我的心却像一只小鸟,从哨声里展翅飞出去,飞过迷蒙的烟水、苍茫的群山,停落在故乡熟悉的大柳树上。我仿佛看到那高大魁梧的躯干、卷曲飘拂的长须,看到春天新长出来的嫩叶,迎着金黄的阳光,如片片碧玉,在袅袅的风中晃动,摇落一串串晶莹的露珠。

在桥头的两棵老柳树,一棵直立,枝叶茂盛,另一颗却长成奇异的“S”型,苍虬多筋的树干斜身向溪中,我们都称它为“驼背”。更特别的是它弯曲的这一段树心被掏空了,形成凹槽,而它仍然顽强的横向西面,昂起头来,把浓密的枝叶伸向蓝天。小时候我们对这颗驼背柳树分外有感情,把它中空的那段凹槽当作小船，几个小伙伴爬上去，敲起小锣鼓，一竹竿当桨七上八落地划起来，明知这条“船”不会前进一步，还是认真地、起劲地划着。在儿时的梦里，她会顺着溪流把我们带到秧苗清清的田野上，绕过燃烧着火红牡丹的山坡，到大江大海里去，到很远很美丽的地方去。

使人留恋的还有铺在柳树下的长长的石板条，夏日里，那是农人们的“宝座”和“凉床”。每当中午时分，强烈的阳光令屋内如焚，土地冒烟，唯有这两颗高大的柳树撑开遮天巨伞，抵挡逼人的酷热，洒落一地的阴凉，让晒得黝黑的农人们踏着发烫的石板路到这里透一口气。傍晚，人们在一天的辛劳后，躺在用溪水冲洗过的石板上，享受习习的晚风，漫无边际地讲三国，说水浒，从传说故事谈到农作物的长势和收成……

苍老的柳树啊，用怎样的魔力把全村的人召集到膝下？只是默默地张开庞大的翅膀，在风雨中为他们遮挡，在炎热中给他们阴凉，以无限的爱心庇护着淳朴的人们。

“哥哥，再给我做几个柳笛。”不知什么时候弟弟也折了一根柳树枝，递到我面前，于是我又一支一支地做好给他吹。那忽高忽低、时远时近的哨音，弥漫成一片浓浓的乡愁，笼罩在我的周围。

故乡的柳树啊……

故乡山水

宁阳四中 高三3班 范新涛

“一方水土养一方人。”但凡文明产生的地方必然位于大江大河流域。山庇护着人，水哺育着人，山水凝聚着人的精魂，不知又有多少人寄情于山水。

人类常在依山傍水的地方居住，我的家乡自然也是位于山水之间。家乡的东南方耸立着一座山，名叫‘灵山’。茂密的松柏将整座山点缀得满山翠绿。日出时山上雾气缭绕，密林中传出几声响亮的狗吠，受了惊的鸟儿像打了败仗似的一边吵闹一边争先恐后地奋力拍打着双翼，使山蒙上了一层朦胧的灰色面纱。过不了多久，这片天地又会重归寂静。

山下有一条不起眼的小路，沿小路穿过密林你会惊讶地发现山上竟然留有一座寺庙。庙门上几个大字仿佛在向人倾诉着它往日的荣光。四周的墙壁上满是人们‘馈赠’给它的伤痕，院内更是杂草丛生，庙内虽然称不上荒凉却也破败寂寥,倒有几分"曲径通幽处,禅房花木深"的意味。山上可以听到水声,这便是山下那条银色巨龙的源头,虽无"飞流直下三千尺"的雄伟,却别有一番风景。

那是一条满载我童年记忆的河流,河的两侧树上的蝉不知疲惫地高歌。水下的鱼虾清晰可见,鱼虾嬉笑一阵,快活地游走了。每到夏天,小河便成了我们欢乐的天堂,我们在河边玩耍无拘无束。每当父母在家里找不到我们的时候,都会去河边找我们,而我们也只能满怀不甘地向鱼虾道别。但是,过一会我们又会不约而同地出现在这里。

这条河曾经背负着供水的重担,人们洗衣、做饭、灌溉农田无一不需要它。

河流穿过村子,流向一望无际的东方。

河流年复一年,日复一日地不停东流。面对人们无尽的索取,它日益消瘦下来,原本繁华无限的它如今却像一位风烛残年的老人。早些年去的时候它还尚存一丝生机,可如今就连这最后的生机都被时间剥夺了。岁月在它的河床上留下了一道道触目惊心的伤疤,'她'再也见不到'她'的鱼虾儿女,再也听不到孩子们的欢声笑语,有的只是河床上的一片荒凉和孩子们欢乐中的一片空白。或许人们拥有时对它不屑一顾,只有失去它时才知道它的珍贵。河边的杨柳早已干枯,孩子们的笑声飘向远方。

不知多少次观望着它流向远方;不知多少次幻想着它流向何方;最后发现它流在我心中。

三、学生唱给家乡的赞歌系列

以下是"逝去的乡村,永恒的精神"实践活动学生唱给家乡的赞歌精彩诗词作品展示。

最美宁阳

宁尚坤(2014级8班)

汶水汤汤,频回响。神童一山,美名扬。十亩梨园,万里枣香,黄发垂髫尽难忘。

四八宴席,惹人想。田间蟋蟀,霸四方。圣人故居,齐鲁大地,欢乐美好在宁阳。

苏幕遮·忆东庄

贾永康(2018级22班)

一堑天,东西望。峭壁怪石,千年古松生。凤仙欲引昆山玉,使得秀名扬。

会晴日,乡人游。伛偻提携,山间小庄清。繁华堪比古帝京。梦回故里,东庄小镇兴。

好客东庄,我的家乡!

鹤鸣鹤山

颜丙建(2018级23班)

皋山老松终岁绿,远映琵琶景更奇。
三生石上念三生,五鸡台上唱五鸡。
颜林树壮草丰茂,榆钱百灵世无双。
百年颜庙今安在,万古复圣撼正声。
敢问风景哪独好,最是鹤山风情高。

蒋集,我心中的诗行

马长乐(2018级22班)

你是花生的故乡,
绿绿的叶子,掩映着是你无与伦比的容颜。
饱满的果实,蕴含着你与世无争的恬淡!
你是彩山的脊梁,
华佗庙里,携一份祝愿,护一方平安。
神龙泉上,饮一瓢希冀,求一方安康。
多彩蒋集,我心中最美的诗行!

水调歌头·游蟠龙山

姜书涵(2018级25班)

蟠龙春又至,山杏满枝花。故人邀约览胜,小聚在田家。醉眼一并繁华,青山翠树相恋,吟咏寄烟霞。碧水解君意,丹心飞天涯。

黄莺啭,柳眉飏,景如画。荷阳潇洒,饱蘸紫墨写芳华。且须杯酒言欢,莫管秦楼人怨,诗意绽幽葩。枕石看漱流,提笔怅华发!

伏山赞

杜昊辰(2018级23班)

我伫立在宁山之巅,
望,云山苍苍,
听,汶水泱泱。
那奔流不息的洸河,共三光而永光。
那齐鲁闪耀的明珠泥厂,筑心中梦想。
植秋柏于前年庭院,
立虹碑而易观于天时。
忆往昔,神州携良种遨游星汉。
看今朝,禹公与人民共享小康。
据两京中央,
此友谊之乡。
乘改革东风,
破时代巨浪。
美哉,我大禹故里!
壮哉,我伏山故乡!

故乡(两疏故里)

王林展(2018级22班)

枫林茫茫,满目红装,所谓故乡,在水一方。
放眼观之,心泉荡漾,纵情游之,归途在何方?
生机盎盎,苗木之乡,东方园林,令人向往。
花草爱之,倾吐芬芳,虫鱼乐之,无拘去游荡。
陶潜驻足,苏子赞赏,两疏故里,源远流长。
百姓善之,生活小康,我心眷之,依依诉衷肠!
优哉游哉,何其荣光,大好东疏,此生难忘!

葛石——我的家乡

谢琨(2018级22班)

我的家乡,在那神童山下,
那里有山有水,还有无尽的矿藏。
这里,是我心中最美的地方!
清明前后,空气中浮着缕缕清香,那是梨花的绽放,
初夏刚过,眼帘中映着片片金黄,那是小麦茁壮成长,
金秋时节,红红的枣儿挂满枝头,颗颗晶莹亮。
站在高高的神童山上眺望,
望见的是美丽,是辉煌,更是心中的希望。
我的家乡,最美的地方,令我心驰神往!

复圣公园(宁阳)

马培森(2018级26班)

凭栏信步无可引,孔颜乐处心自禁。极目知春景有尽,颔首悟心境无垠。
箪食瓢饮志传古,堪忧持乐德耀今。复圣精神今至此,更待后人续添薪。

虞美人·故乡(宁阳我的第二故乡)

吴锦鸿(2018级26班)

故居泉州,望海沧沧,漫山茶树,绿意芬芳,永春土楼,客家大院,试问恢弘谁可挡?

今君宁阳,亦为故乡,神童一山,梨花飘香,葛石大枣,留人心房,禹王大庙,历史长河,难掩辉煌!最美宁阳,第二故乡,最美宁阳,愿与此白发苍苍!

贺新郎·游九仙景区

姜涛(2018级26班)

把盏石门悦。携友人,风流酷似,卧龙诸葛。何处飞来林间雀?松梢相对高歌。笑名利千钧如发,心语盘空谁来听?忆当时,唯有圣城舍。再举杯,换笙乐。

桃李半吐红巾裂,怅九仙,铁门重锁,围栏难越。路断又回葫芦套,农俗村,装修未彻。剩水残山相思错,料当初,费尽世间墨。谁与我,共醉月?

附录　让雏鸟在“大语文”时代的天空中翱翔

——山东省泰安市宁阳县第四中学语文教学改革的探索

苏维东　巩强　程国栋

鸟欲高飞先振翅，人求上进先读书。书籍记载的不仅仅是先辈们的知识与经验，更承载着未来的希望。学生未来的发展，与他在学校之中阅读的书籍多寡息息相关。只有读的书多了，眼界才能开拓；只有读的书多了，未来才能有更多的选择。泰安市宁阳县第四中学秉承着“为学生幸福人生奠基”的理念，在校长苏维东带领下，创造性地提出了“基于核心素养的高中语文课程构建与教学创新”项目，改革语文课程，让学生畅游书海之中。

泰山巍巍，汶水荡荡。泰安市宁阳四中便屹立其中，坐拥青山绿水，孕育出一代代杰出的青年。学校以“良心”为校魂，以“学校的一切工作为学生的全面发展服务”为办学指导思想，以“德智双全，身心两健，文理兼通，特长明显”为培养目标，从 1985 年建校以来，就一直在努力诠释着“为幸福人生奠基”的教育理念。

苏联教育家苏霍姆林斯基曾说过：“让学生变聪明的方法，不是补课，不是增加作业量，而是阅读、阅读、再阅读。”学校提出语文改革的原因便是源于此处。宁阳四中立足学生实际，破解四大难题，依据语文课程标准，对现行语文课程进行了校本化整合，形成了“横向分类，纵向分层，专题推进，大小学时并行”的高中语文校本课程；创新语文教学，构建读—写—展—评“四段式”阅读教学模式和“六化式”课外阅读实践活动模式。学校希望在大量的阅读中，能够让学生开阔视野，汲取智慧，滋养情怀，培育哲思，艰难却执着地提升着自己的精神高地，可以早一点对自己的人生做出思考与规划，为幸福的人生打下坚实的基础。

一、构建课程，蓄势梳理羽翼

在“幸福教育”的引领下，学校决定对课程进行大刀阔斧的改革，以达到语文学科不但要指导学生学习作为信息符号的语言和文字，而且要学习语言和文字所承载的理、境、情、趣等的要求。“横向分类，纵向分层，专题推进，大小学时并行”的高中语文课程便应运而生。

学校教师团队经过长久的研讨与实践，依据语文核心素养“语言建构与运用、审美鉴赏与创造、思维发展与品质、文化传承与理解”的四个维度，把庞大冗杂的语文课程大致分成了四个部分，以此来构建语文学科课程、语文实践活动课程、传统文化三种课程。

剔除掉了过去一些重复的课程内容，语文课程更加精简，问题设计也更加合理。一方面减轻了学生的学习负担，可以让其更加快乐地学习，在阅读中找到人生幸福的道路；另一方面，改革后的课程更加精简，数量的减少，意味着学习质量的提升、学习程度的深入，达到了“轻负高质”的效果。

对课程进行分类的同时，学校也考虑到了不同年级的学生所面临的问题，并以此提出了“纵向分层”的构想。以高中三个年级为基础，把语文阅读课程进行区别。高一广泛阅读，激发兴趣；高二深入阅读，形成成果；高三迁移运用，提升能力。

在此基础上，学校制定了十二个阅读专题，打通课内教材与课外阅读文本，打通课内阅读教学与课外阅读实践，打通应试能力的培养与语文核心素养的提升。十二个专题是：演讲美丽人生，点评净化心灵；评今之大事，扬浩然正气；品读文学剧本，演创经典剧本；读现当代小说，品鉴人物形象；品读名家散文，享受文化盛宴；走近唐诗宋词，领略诗词魅力；品读人物传记，感受伟人魅力；走进鲁迅作品，领略文人风骨；读名著，品三国；读《论语》，诵《诗经》；诵读《红楼梦》，体会百味人生；逝去的乡村，永恒的精神。学生可以在不同的专题中尽情地畅游，激发出对语文学习的热爱，领略不一样的大家风采，找到适合自己的道路，进而全面发展。

此外，在课程学时的安排上，有课前 5 分钟的演讲，有课间 20 分钟的“我是校园演说家”，有 2 小时的连堂课内阅读，大小学时并行，推进语文阅读教学的开展，帮助学生更好地沉浸在书籍之中。

课程体系改革后，学校的语文教学有了清晰的脉络，教师的阅读教学更加灵活了，学生的读书热情更加高涨了，学校形成了浓厚的读书氛围，学校也因此取得了累累的硕果。2016年12月，苏维东在山东省2016"学校自主变革"论坛暨高中课程重构与教学创新研讨会上做典型发言。2019年4月，苏维东主持的"基于核心素养的高中语文课程重构与教学创新"项目成功入选2019年度山东省基础教育教学改革40个省重点项目。2020年11月，苏维东在第二届齐鲁名师名校长论坛做"基于学生核心素养的高中语文课程建构与教学创新"的典型发言。2020年12月，苏维东申报的"基于学生核心素养的高中语文课程体系建构研究"山东省教育科学"十三五"规划课题顺利结题。2021年5月，苏维东的论文《为人生幸福奠基——宁阳四中语文课程改革的实践探索》荣获山东省教育科学研究优秀成果二等奖。

学校还依照构建的"横向分类，纵向分层，专题推进，大小学时并行"的高中语文校本课程，编辑了《小说品读》《鲁迅品读》《人物传记品读》《名家散文品读》《毛泽东诗词品读》等校本教材。

语文学科的阅读改革带动了其他学科的改革，其他学科老师分别编辑了《泰山览胜》《周公嘉禾》《榜样》《就是那一只蟋蟀》《学科素养与前沿初探》《学科发展与名人略读》等校本教材，学校形成了"全科阅读"的氛围。

二、创新教学，乘风好去长空

为了更加高效地完成对语文教学的改革，在课程改革的基础上，学校创新性地对语文的教学形式展开多种尝试最终建立起读—写—展—评"四段式"阅读教学模式和"六化式"课外阅读实践活动模式，多个方面齐头并进，创造出一片兴盛的教育盛况。

对于课堂以内，学校提出了读—写—展—评"四段式"课内阅读模式。读即通过默读、诵读多种阅读形式，了解体会作品的内容，为写做铺垫；写即针对自己最感兴趣的一个角度进行鉴赏、评价；展即在小组内、全班内、年级组织的讲坛上进行展示交流，进行思维碰撞；评即结合学生的作品，学生互相评价，教师评价指导，从而提升学生对文本阅读的层次。

四个举措从内到外地深化学生对书籍中知识的理解，提升了学生的语文素养，提高了学生的语文成绩。在这种展示自己的讲台上，同学的学习热情被点燃，激发出了同学们读书的动力。

原来学生阅读量小，知识面窄；阅读速度慢，效率低，机械做题，定式思维；被动学习，急功近利的问题也被一一解决。进行阅读改革后，学生的语文学习方式发生了变化，学生逐渐能灵活运用精读、略读、浏览、速读等阅读方法，提高了阅读速度，提高了阅读效率。

对于课外阅读，学校也有针对性地提出了“六化式”课外阅读实践活动模式，即演说化、辩论化、表演化、采风化、吟诵化、成果化。强力推进，做到阅读时间、地点、内容、笔记、辅导和评价六到位。

规范化的课外活动，让同学们能从整体上把握文本内容，厘清思路，概括要点，理解文本所表达的思想、观点和感情；能提出问题，分析问题，解决问题；能从不同的角度和层面进行阐发、评价和质疑；还能通过演讲、辩论赛等活动培养学生的应答能力。学生考试能力也不断增强，语文成绩大幅度提高，总体成绩不断进步。

三、创新评价，高歌展翅翱翔

为了进一步地激发学生的学习热情，鼓励老师大胆改革创新，学校更新了课程评价体系。其中，把发展学生的语文核心素养、促进学生的健康发展作为语文阅读教学评价的唯一标准，依据国家标准要求制定了具体的评价量规，发挥其激励导向作用，不断将学科改革引向深入。

一方面彻底发挥评价对教师的激励作用。学校制定《宁阳四中语文课程建构与教学创新教师评价办法》，鼓励老师们大胆改革，创新出更多的教学方式，然后在学校内推广，做出突出贡献的老师在评优树先方面享有优先。一人之力终究有限，所以学校大胆地发展全体教师之力，只为探寻一条更好的道路。

另一方面最大程度提高评价对学生的激励作用。学校推行《宁阳四中课本剧大赛评比办法》，鼓励学生参加丰富多彩的活动，让学生们自愿参与到课后的活动中去，在欢乐中加固对课堂知识的掌握。

此外，改革考试方式也被学校纳入改革计划之中。定期的检验才能让学生明白自己对知识的掌握情况，课本上的知识是如此，书籍上的知识也是如此。将所读内容纳入考试范围，通过考试考查学生的语文素养。不仅能够提醒学生是否掌握了书本上的知识，而且还将课本与课外阅读联系起来，从而帮助学生形成一个完整的知识体系，让这些知识真正影响到学生的个性，真正可以伴随学生的一生。

课程的改革、教学方式的创新、评价体系的升级共同勾勒出宁阳四中这一幅百花齐放、读写纷呈的画卷。无论是思维碰撞、教学相长的师生讲坛，还是品读经典、传承文化的诗文阅读；无论是走进家乡、传承精神的乡土文化，还是关注生活、我说你评的校园演说，都充满着学生与老师幸福的微笑。

他们走进校园，收获了未来。2013 年至 2021 年宁阳四中实现升本率八年连续增长。有多人考进清华大学、南开大学、西安交通大学、厦门大学、吉林大学、中南大学、中国地质大学等名牌大学。

聚萤作囊，凿壁偷光；忍贫读书，车胤匡衡。千百年来，我国学者都在强调书籍的重要性，它是先辈留给我们最丰厚的礼物。泰安市宁阳四中聚焦丹青笔墨，重拾先辈遗礼，大胆提出阅读改革。从初创时的举步维艰，到奋进中的风雨兼程，最后来到今天的硕果累累。宁阳四中的改革步伐清晰而凝重。在校长苏维东的带领下，宁阳四中人把为学生的幸福人生奠基作为目标，不忘初心，牢记使命，奋进新时代，起航新征程，必将创造更大的辉煌！

（原载《中国教育报》2021 年 12 月 14 日）

语文阅读改革在路上

(代后记)

宁阳四中创建于1985年,学校以"良心"为校魂,以"为幸福人生奠基"为校训,以"学校的一切工作为学生的全面发展服务"为办学指导思想,以"德智双全,身心两健,文理兼通,特长明显"为培养目标,以提升质量为主旋律,各项工作不断突破,学校先后获得"山东省规范化学校""山东省教学示范校""泰安市教学工作先进单位"等荣誉。

尽管学校的办学水平不断提高,但在发展的过程中,还是遇到了一些问题,如学生文化底蕴不深、优生数量较少、学校特色化不明显等。这些问题制约了学校的进一步发展。

我们经过广泛调研,反复斟酌,认为语文学科不但要指导学生学习作为信息符号的语言和文字,而且要学习语言和文字所承载的理、境、情、趣等,使学生感受民族文化的底蕴,进而形成正确的世界观、人生观和价值观。从某种意义上讲,语文学科对学生的影响不是一时,而是一世;不止在课内,还在课外。相比其他学科,语文学科更容易变革。一旦语文学科有所突破,就可以带动其他学科的变革,整个学校就会呈现出新的气象。

2013年10月,我们开始谋划语文整体阅读改革。2015年9月,在山东省课程中心专家的指导下,我们正式启动语文阅读教学改革。从2013年到2022年,8年的时间,宁阳四中的语文阅读改革,从萌芽到破土,从开花到结果,每一天,我们都忙忙碌碌,攻坚克难;每一年,我们都风风火火,大刀阔斧。每当我们犹豫彷徨的时候,总有上级领导给我们鼓劲加油;每当我们困惑迷茫的时候,总有教育专家给我们开方解惑。在《高中语文"四段式·六化式"课内外阅读任务群设计研究》即将付梓之际，我们特别感谢山东省课程专家李红婷、徐洁，泰安市教育科学院领导吕忠堂、侯成宾、王丽华，宁阳县教体局姚胜明等。感谢山东省教育科学研究院李文军副院长在百忙之中为本书撰写序言。

在本书写作的过程中，王晓敏、宁风光、郝凤华、赵腾等老师提供了大量的文字材料，郑吉刚、郑贞、刘娜等老师提供了具体的教学案例，在此，一并感谢。

尽管我们的语文阅读改革取得了一些成绩，但我们知道，我们的很多做法还不够成熟，需要我们探索的领域还很多。语文阅读改革还在路上，要为学生幸福人生奠基，我们就必须将语文阅读改革进行到底。

苏维东

2022 年 3 月 20 日于宁阳四中